Aldidente Partyrezepte

Aldidente Partyrezepte

Eichborn

Die Grundzutaten für die Rezepte sind in der Regel bei ALDI erhältlich. Manche Artikel gibt es dort jedoch nur saisonal oder regional, gelegentlich auch unter abweichenden Markennamen. Ausgefallenere Zutaten bekommt man manchmal nur auf dem Markt, in Feinkostgeschäften oder »gehobeneren« Lebensmittelläden.

1 2 3 4   06 05 04

© Eichborn AG, Frankfurt am Main, Juni 2004
Lektorat: Oliver Thomas Domzalski
Redaktion: Nele Dinslage
Umschlagillustration: Uschi Heusel
Layout: Tania Poppe
Satz: Fuldaer Verlagsagentur, Fulda
Druck und Bindung: WS Bookwell, Finnland
ISBN 3-8218-4873-1

Verlagsverzeichnis schickt gern:
Eichborn Verlag, Kaiserstr. 66,
D – 60329 Frankfurt am Main
www.eichborn.de

Brot- und Brötchenbäckerei 9
Partybrötchen 9
Rosinenbrötchen 10
Schnelles Heidebrot 11
Halloween-Brot 12
Quarkbrötchen 13
Zwiebelbrötchen 14
Fladenbrot 15
Bierteigbrötchen 16
Zwiebelbrot 16
Pitah 17
Paprikabaguette 18
Brotfladen mit Olivenöl 19
Blätterteigstangen 20

Belegte und gefüllte Baguette, Toast- und Brotscheiben 21
Baguettescheiben mit Kräuterquark 21
Überbackene Lauch-Schiffchen 22
Sardellen-Eier-Toast 23
Käsevierecke 23
Baguette mit Kräuterbutter 24
Baguette-Brötchen mit Käseknoblauch 24
Pizzabrötchen 25
Matjestatar auf Brot 26

Käsedreiecke mit Sellerie 26
Ciabatta mit Schinken und Mozzarella 27
Lebercreme auf Toast 28
Krabben-Tomaten-Baguette 29
Gefülltes Fladenbrot 30

Canapés 31
Canapés mit Schweinelende und Weintrauben 31
Käsecanapés 32
Canapés mit Fetacreme und Basilikum 32
Kaviarcanapés 33
Eier-Canapés 33
Thunfisch-Canapés 34

Dekoratives und kalte Platten 35
Schlachteplatte 35
Hausmacher Wurstplatte 36
Käseplatte 37
Rohkostplatte mit Guacamole-Sauce 38
Eier in Tomaten 39
Schweinsmedaillons 40
Windbeutel mit Geflügelcreme 41
Räucherlachs-Ecken 42

Pikante Käsebällchen 43
Gefüllte Eier mit Gurke 43
Wurstfinger (Halloween) 44
Monsterkette (Halloween) 44
Monster-Augen (Halloween) 45
Avocados mit Kaviarfüllung 45
Tomaten-Käse-Kugeln 46
Würstchen im Blätterteigmantel 46

Dips und Saucen 47
Preiselbeerdip 47
Feuerdip 47
Barbecuesauce 48
Feurige Schafskäsepaste 48
Olivendip 49
Avocado-Eier-Dip 49
Currydip 50
Kaviarbutter 50

Fisch und Meeresfrüchte 51
Krabbencocktail 51
Knoblauch-Scampi 51
Forellen im Päckchen 52
Gegrillte Kabeljaukoteletts 52
Kokos-Shrimps 53
Curry-Garnelen 54
Muschelcocktail 55
Chili-Garnelen-Spieße 56
Lachs in Blätterteig 57
Eingelegte Kräuter-Rollmöpse 58

Gebratenes und gegrilltes Fleisch 59
Gegrillte Hähnchenbrust mit Senf 59
Gegrillte Schweinebauchscheiben 60
Hamburger vom Grill 60
Kasselerbraten in Blätterteig 61
Scharfe Flügel 62
Fleischspieße mit Erdnuss-Sauce 63
Hähnchenbrust-Spieße 64
Knusper-Flügel 64
Frikadellen 65
Kasseler mit Ananas 65
Japanische Fleischspieße 66
Lammbällchen mit Knoblauch 66
Hähnchensticks mit Honigkruste 67
Bockwurst in Blätterteig 68
Riesenspinne (Hähnchenschenkel auf Reis) 68

Falscher Hase   69
Fleischhäppchen mit Chilisauce   70

Gebratenes und gegrilltes Gemüse 🫑   71
Gefüllte Tomaten   71
Blumenkohlspieße   72
Pizzakartoffeln   72
Gefüllte Papayas   73
Gratinierte Auberginen   74

Leckere Kilotöpfe 🍲   75
Scharfer, grüner Hackbällchentopf   75
Curry-Schweinetopf   76
Feuertopf   77
Schnitzelpfanne   78
Schichttopf   79

Salate 🥗   81
Partysalat   81
Tomatensalat mit Mozzarella   82
Feuriger Nudelsalat   83
Mango-Hühnerbrust-Salat   84
Ananas-Putenbrust-Salat   85
Thunfischsalat mit tropischen Früchten   86
Tortellini-Salat   87
Pikanter Kartoffelsalat   88
Heringssalat mit Roter Bete   88
Bauernsalat   89
Zehner-Salat   90
Weißer Bohnensalat   91
Tomatensalat   91
Kartoffelsalat mit Schinken, Ei und Rucola   92
Kartoffelsalat mit Speck   93
Eiersalat mit Erbsen   94

Suppen ☕   95
Karibische Tomatensuppe   95
Kalte Avocadosuppe   96
Exotische Bananensuppe   96
Käse-Lauch-Suppe   97
Curry-Zwiebelsuppe   98
Tomatensuppe   99
Gyrossuppe   99
Mandelsuppe   100
Wärmende Hühnersuppe   101
Kürbissuppe und Gespenster-Windlicht (Halloween)   102

Cracker und Chips 103

Cracker-Spinnen 103
Herzhafte Motivcracker 103
Schokoladenchips 104
Schafskäse-Cracker 105
Parmesanchips 106
Käsecracker 106

Desserts und Süßspeisen 107

Zitronen-Vanillecreme auf Fruchtbett 107
Melonensalat 108
Blutpudding (Halloween) 109
Papageienpudding 109
Exotischer Obstsalat 110
Grießquark mit Früchten 111
Honig-Kokos-Bananen 112
Tiramisu mit Erdbeeren 112
Zabaione mit Früchten 113
Zitronensorbet mit Prosecco 114
Crème Macchiato 115
Beschwipste Zimtwaffeln 116

Getränke 117

Bacardi-Cocktail 117
Exotische Bowle 117
Bowle mit dem eiskalten Händchen 118
Alkoholfreie Erdbeerbowle für Kinder 119
Pina Colada 119
Kinderpunsch 120
Kinderbowle mit Gummibärchen-Eiswürfeln 120
Erdbeer-Bananen-Shake oder -Eis 121
Schlammbowle 121
Beerenbowle 122
Cidrebowle 122
Asian Dream 123
Weihnachtspunsch 123
Café Noisette 124

Brot- und Brötchenbäckerei

Partybrötchen
(für 2 Bleche)

1 Würfel (42 g) Hefe
1 Backmischung (1 kg) Roggenmischbrot
120 g geräucherter Speck
Mehl
4 EL Röstzwiebeln
2 TL Mehl
3 EL Sonnenblumenkerne
2 EL Mohn

Backofen auf 200° C vorheizen.
Die Hefe zerbröckeln und in 700 ml lauwarmes Wasser auflösen. Anschließend die Backmischung hinzufügen und mit dem Handrührgerät verkneten. Zugedeckt an einem warmen Ort ca. 30 bis 40 Minuten gehen lassen.

Inzwischen den Speck fein würfeln, in einer Pfanne knusprig anbraten und dann herausnehmen.
Teig auf der bemehlten Tischplatte nochmals gründlich durchkneten und in vier Teile trennen. Je ein Viertel des Teiges mit Speck und Röstzwiebeln verkneten. Dann alle Teigviertel zu Rollen formen und anschließend in je 8 Stücke schneiden. Diese Stücke nun zu Brötchen formen. 2 Bleche mit Backpapier auslegen und die Brötchen darauf verteilen. Diese lässt man nochmals an einem warmen Ort ca. 30 bis 40 Minuten gehen. Einige Brötchen werden nun mit Mehl bestäubt. Die restlichen Brötchen mit Wasser bestreichen und mit Sonnenblumenkernen und Mohn bestreuen. Die Bleche nacheinander im vorgeheizten Ofen bei 200 °C ca. 25 bis 30 Minuten backen, dabei immer kontrollieren, damit sie nicht zu braun werden. Anschließend gut auskühlen lassen.

Rosinenbrötchen

(ca. 16 Stück)

2 EL Rosinen
350 g Weizenvollkornmehl
125 g grobe Haferflocken
1 Würfel Hefe
250 ml lauwarme Milch
1 EL Honig
1 Prise Salz
2 EL Pflanzenöl
1 Eigelb
1 EL Milch zum Bestreichen

Den Backofen auf 220° C vorheizen.
Die Rosinen in heißem Wasser quellen lassen. Das Mehl mit den Haferflocken in einer Schüssel vermengen und in die Mitte eine Vertiefung drücken. Die Hefe zerbröckeln und mit etwas lauwarmer Milch verrühren. Diesen Vorteig in die Mulde gießen und die Schüssel mit einem Tuch bedeckt an einen warmen Platz stellen.

Nun die Rosinen abgießen und abtropfen lassen. Wenn der Vorteig beginnt, Blasen zu bilden, Honig, Salz, Öl und Milch dazukneten, so dass ein fester Teig entsteht. Den Teig immer wieder kräftig kneten und ausschlagen, zugedeckt weitere 30 Minuten gehen lassen. Ein Backblech mit Backpapier auslegen. Aus dem Teig eine Rolle formen und mit einem scharfen Messer diese in 16 gleich große Stücke schneiden. Aus jedem Stück eine Kugel formen und etwas breit drücken, dann auf das Blech legen und mit dem Messer leicht kreuzweise einschneiden. Nochmals mit einem Tuch zudecken und ca. zehn Minuten gehen lassen. Wasser in einem flachen Gefäß zum Kochen bringen und auf den Boden des Backofens stellen, damit sich Dampf entwickelt. Eigelb und Milch verquirlen und die Brötchen damit bestreichen. Auf mittlerer Schiene etwa 20 Minuten backen.

Schnelles Heidebrot

400 g Roggenmehl, Type 1150
200 g Weizenmehl, Type 1050
60 g Backmalz
40 g Hefe
20 g Salz
500 g Buttermilch; handwarm
1 EL Essig
1 EL Zitronensaft
1/2 TL Kümmel, gemahlen

Den Backofen auf 230 °C vorheizen.
Die Mehlsorten in eine Schüssel sieben und in die Mitte eine Mulde drücken. Die Hefe in etwas warmer Buttermilch auflösen, in die Mulde gießen und mit etwas Mehl verrühren. Mit einem Tuch abdecken und ca. 25 Minuten gehen lassen. Die übrigen Zutaten zugeben und mit dem Knethaken des Handrührgeräts in etwa 3 Minuten zu einem glatten Teig verkneten. Den Teig nochmals abgedeckt gehen lassen, bis er sich etwa verdoppelt hat. Dann nochmals kurz durchkneten und auf einer bemehlten Tischplatte zu einer Kugel formen. Ein Backblech mit Backpapier auslegen oder einfetten und die Brotkugel darauf legen. Nochmals ca. 25 Minuten abgedeckt gehen lassen, dann die Oberfläche gitterförmig mit einem Messer einschneiden.
Das Brot auf mittlerer Schiene ca. 60 Minuten backen, nach 15 Minuten die Temperatur auf 200 °C reduzieren. Anschließend das Brot auf einem Rost auskühlen lassen.

Halloween-Brot
(für eine Kastenform)

1 Kürbis, ca. 600 g
50 g Kürbiskerne
500 g helles Dinkelmehl
1 Würfel Hefe
2 TL Zucker
3 TL Salz
Butter für die Form

Backofen auf 180° C vorheizen.
Den Kürbis schälen, entkernen und in Würfel schneiden. Die Kürbiswürfel mit ca. 100 ml Wasser in einem Topf zum Kochen bringen und zugedeckt bei mittlerer Hitze etwa 15 Min. köcheln lassen, bis die Kürbiswürfel weich sind. Dann alles abgießen, dabei die Flüssigkeit auffangen. Kürbiswürfel mit dem Pürierstab zu Mus verarbeiten. Die Kürbiskerne sehr fein hacken.

Das Mehl in eine Schüssel geben, in der Mitte eine Vertiefung drücken. Die Hefe zerkrümeln und mit 5 Esslöffel vom Kürbissud anrühren, dann in die Mehlvertiefung geben und ca. 15 Minuten quellen lassen. Anschließend Kürbispüree, die gehackten Kürbiskerne, Zucker und Salz zum Mehl geben und alles gut durchkneten.
Den Teig zudecken und an einem warmen Ort etwa 45 Min. gehen lassen. Eine Kastenform (ca. 30 cm Länge) mit Butter einfetten, den Teig einfüllen und nochmals ca. 15 Min. gehen lassen.
Das Brot im vorgeheizten Backofen ca. 40 bis 50 Minuten backen. Etwas abkühlen lassen und auf ein Kuchengitter stürzen.

Quarkbrötchen
(ca. 24 Stück)

500 g Magerquark
4 Eier
6 EL Zucker
2 Päckchen Vanillinzucker
1 Prise Salz
500 g Mehl
2 Päckchen Backpulver
4 EL Kondensmilch

Backofen auf 180° C vorheizen.
Zuerst Quark, Eier, 4 EL Zucker, Vanillinzucker und Salz verrühren. Mehl und Backpulver separat mischen und anschließend unter die Quarkmasse rühren. Mit dem Handrührgerät (Knethaken) dann zu einem glatten Teig verarbeiten.
Mit Hilfe von 2 Esslöffeln jeweils 12 Teighäufchen auf ein mit Backpapier ausgelegtes Backblech anhäufen und 20 Minuten backen.

Ca. 5 Minuten vor Beendigung der Backzeit mit der Kondensmilch bestreichen und mit dem restlichen Zucker bestreuen.
Besonders lecker schmecken die Quarkbrötchen auch, wenn man Rosinen im Teig verarbeitet.

Zwiebelbrötchen

(für ca. 15 Personen)

1 l Buttermilch
2 Würfel Hefe
1 TL Salz
1 TL Zucker
1 kg Mehl
200 g geröstete Zwiebeln

Backofen auf ca. 200 Grad vorheizen.
Die Buttermilch lauwarm erhitzen und vom Herd nehmen. Hefe, Salz und Zucker in der Buttermilch verrühren, bis sich alles vollständig aufgelöst hat. Nun das Mehl untermengen und mit einem Knethaken zu einem glatten Teig verarbeiten. Zum Schluss die Röstzwiebeln dazugeben. Alles an einem warmen Ort zugedeckt ca. 30 bis 45 Minuten gehen lassen. Mit Hilfe von 2 Esslöffeln Teighäufchen entnehmen und zu Brötchen formen. Diese auf ein mit Backpapier vorbereitetes Backblech legen und mit einem scharfen Messer kreuzweise leicht einritzen. Anschließend mit Wasser bestreichen und im vorgeheizten Backofen ca. 20 Min. knusprig ausbacken.

Fladenbrot

(für 6 Fladenbrote)

1 kg Mehl, Type 1050
2 Pckg. Trockenhefe
4 Eier
250 ml Wasser, lauwarm
2 EL Salz
2 TL Honig
8 EL Jogurt
Kreuzkümmel, ganz
Sesam
Salz
Mehl zum Ausrollen für den Teig
Fett für das Backblech

Backofen auf 180°C vorheizen.
Mehl mit Trockenhefe in einer Schüssel vermengen. Eier, Wasser, Salz, Jogurt und Honig zum Mehl geben und alles zu einem Teig verkneten. Den Teig zugedeckt an einem warmen Ort ca. 40 Minuten gehen lassen. Dann den Teig wieder kräftig durchkneten und mit bemehlten Händen 6 Kugeln formen. Kugeln auf einer bemehlten Fläche ausrollen, dann auf ein gut gefettetes Backblech legen. Nochmals ca. 20 Minuten gehen lassen. Nun die Fladen mit Wasser bestreichen, mit Sesam oder Kreuzkümmel und ein wenig Salz bestreuen und ca. 15-20 Minuten backen.

Bierteigbrötchen
(ca. 30 Stück)

1,5 kg Vollkornweizenmehl
3 Pckg. Backpulver
200 g geriebener Emmentaler
3 TL getrockneter Majoran
3 TL Koriander
1 1/2 TL Kümmel
5 TL Salz
1 ½ l Hefeweizenbier
etwas Milch

Backofen auf 180°C vorheizen.
Alle Zutaten zu einem Knetteig verarbeiten. Den Käse kann man auch weglassen. Nach und nach das Hefeweizenbier zugeben: Gießt man das ganze Bier auf einmal dazu, wird das Kneten des Teiges sehr mühselig. Dann mit Hilfe von 2 Esslöffeln Teig abtrennen und die einzelnen Brötchen formen. Auf ein gefettetes Backblech geben und mit Milch bepinseln. Im vorgeheizten Backofen ca. 40 Minuten backen.

Zwiebelbrot
(für 2 Kastenformen)

2 große Zwiebeln
600 g Weizenmehl, Type 405
1 Würfel Hefe
2 TL Zucker
4 TL Salz
ca. ¼ l warme Milch
250 g Quark
etwas Milch und ein Ei zum Bestreichen

Backofen auf ca. 200 °C vorheizen.
Zwiebeln pellen, würfeln, in etwas Öl goldgelb dünsten, etwas abkühlen lassen und dann mit den übrigen Zutaten zu einem geschmeidigen Teig verarbeiten. Abgedeckt an einem warmen Ort ca. 60 Minuten gehen lassen. Den Teig halbieren und in jeweils eine gründlich gefettete Kastenform füllen. Nochmals ca. 30 Minuten gehen lassen, dann mit einem scharfen Messer oben längs einmal einschneiden. Nun die Milch und ein Ei verquirlen, die Brote damit bestreichen und ca. 40 bis 60 Minuten backen.

Pitah

(ca. 8 Stück)

20 g frische Hefe
½ TL Zucker
1 ½ Tassen lauwarmes Wasser
5 Tassen Roggenmehl
½ TL Salz
2 EL Öl
Mehl zum Bestäuben

Ofen auf 220 °C vorheizen.
Hefe und Zucker mit der Hälfte des Wassers verrühren, einige Minuten stehen lassen, bis sich Blasen bilden. Dann das Mehl, ein Esslöffel Öl, Salz und das restliche Wasser hinzufügen und alles gut vermengen. Einen glatten, geschmeidigen Teig kneten, daraus eine Kugel formen und in dem restlichen Öl wälzen. Nun den Pitah-Teig zugedeckt ca. 60 Minuten ruhen lassen. Anschließend den Teig nochmals gründlich durchkneten und ca. 8 Kugeln formen. Die Teigkugeln nochmals 30 Minuten gehen lassen. Die Teigkugeln mit Mehl bestäuben, dünn ausrollen und auf zwei angewärmte, mit Öl eingefettete Backbleche verteilen. Genügend Abstand lassen, der Teig geht noch auf! Die Bleche mit Tüchern bedecken und nochmals 30 Minuten gehen lassen. Die Fladenbrote werden nur kurz in dem sehr heißen Ofen auf der unteren Schiene gebacken, bis sie aufgehen und hellbraun aussehen. Dann aus dem Ofen nehmen und jede Pitah in Alufolie einwickeln. Nach ca. 20 Minuten sind die Pitah-Brote abgekühlt und zusammengefallen.

Paprikabaguette

500 g Weizenmehl
1 Würfel Hefe
1 Messerspitze Salz
1 Prise Zucker
¼ l lauwarme Milch
50 g flüssige Butter
1 Chilischote
1 rote Paprikaschote
2 EL Öl

Backofen auf 220° C vorheizen.
Mehl, Hefe, Salz, Zucker, Milch und Butter zu einem geschmeidigen Hefeteig verarbeiten und zugedeckt an einem warmen Ort ca. 60 Minuten gehen lassen. Nochmals alles gut verkneten und weitere 30 Minuten zugedeckt gehen lassen. Zwischendurch die geputzten Chili- und Paprikaschoten sehr fein hacken und im heißen Öl anbraten, abkühlen lassen und dann unter den Hefeteig kneten. Weitere 15 Minuten gehen lassen. Aus dem Teig eine ca. 40 bis 50 cm lange Stange formen, mit einem scharfen Messer schräg einschneiden und nochmals 10 Minuten gehen lassen. Danach mit lauwarmem Wasser einpinseln und ca. 40 Minuten im vorgeheizten Backofen knusprig backen.

Brotfladen mit Olivenöl

(für 1 Backblech)

500 g Mehl
20 g frische Hefe (1/2 Würfel)
¼ TL Zucker
¼ l lauwarmes Wasser
5 EL Olivenöl
1 TL Salz
5 EL Weißwein
2 TL grobes Salz

Backofen auf ca. 230° C vorheizen.
Das Mehl in eine Schüssel füllen, in die Mitte eine Vertiefung drücken, die Hefe hineinbröckeln und mit dem Zucker überstreuen. Ca ⅛ l warmes Wasser hinzufügen und abgedeckt mit einem Tuch ca. 15 Minuten an einem warmen Ort gehen lassen. 3 Esslöffel Olivenöl, Salz, restliches warmes Wasser und den Wein dazugeben und alles mit dem elektrischen Handrührgerät (Knethaken) zu einem geschmeidigen Teig verrühren. Mit etwas Mehl bestäuben und nochmals abgedeckt mit einem Tuch ca. 40 Minuten gehen lassen. Nun den Teig auf einer bemehlten Arbeitsplatte gut durchkneten und etwa 2 cm dick ausrollen. Ein Backblech mit Öl bestreichen, dann den Teig auf das Backblech legen und nochmals abgedeckt gehen lassen.
Mit den Fingerspitzen mehrere Vertiefungen in den Teig drücken; mit dem restlichen Öl beträufeln und mit etwas grobem Salz bestreuen. Im Backofen ca. 30 Minuten goldgelb backen.

Blätterteigstangen

(für ca. 30 Stück)

1 Paket TK-Blätterteigscheiben (300 g)
2 Fleischtomaten
1 EL Tomatenmark
1 kleine Zwiebel, gerieben
Kräutersalz, Pfeffer
1 TL getrockneter Oregano
2 EL Öl
1 bis 2 Eiweiß
4 EL geriebener Parmesankäse

Den Backofen auf 220° C vorheizen.
Blätterteigscheiben auftauen lassen und jede Scheibe quer in sechs Streifen schneiden. Die Tomaten überbrühen und die Haut abziehen, dann mit einer Gabel gut zerdrücken. Das Fruchtfleisch mit Tomatenmark, geriebener Zwiebel, Kräutersalz, Pfeffer, Oregano und Öl verrühren. Jeden Blätterteigstreifen nun mit Eiweiß einpinseln und etwas Tomatenpüree auf die Mitte der Blätterteigstangen geben; mit dem Messer verstreichen. Dann mit Parmesankäse bestreuen.
Die Teigstangen auf ein mit Backpapier ausgelegtes Backblech legen und im Backofen ca. 15 Minuten backen. Warm servieren.

Belegte und gefüllte Baguette, Toast- und Brotscheiben

Baguettescheiben mit Kräuterquark
(für ca. 10 Personen)

400 g Magerquark
1 Eigelb
1 EL Milch
Salz, Pfeffer
2 Zwiebeln
1 Bund Schnittlauch
1 großes Baguette
5 Tomaten

Quark, Eigelb und Milch in einer Schüssel glatt rühren. Mit Salz und Pfeffer würzen. Zwiebeln pellen und sehr fein hacken. Schnittlauch waschen und in kleine Röllchen schneiden. Zwiebeln und Schnittlauch unter den Quark rühren. Baguette in Scheiben schneiden und mit Quark bestreichen. Tomaten waschen und in dünne Scheiben schneiden. Die Quarkbrötchen damit belegen.

Überbackene Lauch-Schiffchen
(für ca. 10 Personen)

300 g rohes Kasseler
350 g Porree
25 g Butter
250 g Frischkäse
1 Ei
Salz, Pfeffer
150 g mittelalter Gouda (gerieben)
1 großes Baguette

Das Kasseler in kleine Würfel schneiden. Porree putzen, waschen und fein würfeln. Butter in einer Pfanne erhitzen, das Kasseler darin anbraten und zum Schluss den klein geschnittenen Porree ca. 3 Minuten mitdünsten. Mit Pfeffer würzen und in eine Schüssel geben. Zwischendurch den Frischkäse und das Ei verrühren und mit Salz und Pfeffer abschmecken. Dann die Hälfte des geriebenen Käses unterrühren. Nun etwa die Hälfte Frischcrememasse unter die Porreemischung rühren.

Das Baguette längs halbieren und jede Hälfte in ca. 7 bis 8 schräge Scheiben (Schiffchen) schneiden. Die Porreemischung auf die Schiffchen verteilen und auf ein mit Backpapier ausgelegtes Backblech anordnen. Die restliche Frischkäsecrememasse als Verzierung auf jedes Schiffchen setzen und mit dem restlichen Käse bestreuen.
Im vorgeheizten Backofen bei ca. 200° C ca. 20 bis 25 Minuten backen und noch warm servieren.

Sardellen-Eier-Toast

(für 15 Personen)

15 Weißbrotscheiben
ca. 150 g Butter
7 Tomaten
8 Eier (hart gekocht)
15 Sardellenfilets
350 g geriebener Käse
15 Salatblätter
Petersilie
Salz, Pfeffer

Weißbrotscheiben toasten und mit Butter beschmieren. Tomaten waschen, in Scheiben schneiden und auf die Toastscheiben legen. Leicht mit Salz und Pfeffer würzen. Eier in Scheiben schneiden und auf die Tomatenscheiben verteilen. Sardellenfilets halbieren und auf dem Toast verteilen. Toast dick mit geriebenem Käse bestreuen und im vorgeheizten Backofen bei 200° C ca. 10 Minuten überbacken. Den Toast auf Salatblättern servieren und alles mit Petersilie garnieren.

Käsevierecke

(für ca. 10 Personen)

250 g sehr weicher Camembert
150 g weiche Butter
8 EL Sahne
10 Scheiben Kasten-Vollkornbrot
100 g gehackte Walnusskerne
Petersilie
½ Bund Radieschen
Oliven nach Geschmack

Den weichen und sehr reifen Camembert mit einer Gabel zu Brei verarbeiten, dann in einer Schüssel mit der Butter und der Sahne gut verrühren. Das Brot entrinden und in kleine Quadrate schneiden, dann mit Käsecreme bestreichen und mit einem weiteren Stück Brot abdecken. Die oberen Scheiben nochmals dünn mit der Käsecreme bestreichen und mit gehackter Petersilie, Walnusskernen, Radieschen- oder Olivenscheiben belegen.

Baguette mit Kräuterbutter

(für ca. 10 Personen)

250 g weiche Butter
Salz
1 fein gehackte Knoblauchzehe
3 Pckg. Kräuter der Provence (TK)
5 Baguettes

Die Butter sollte weich und geschmeidig sein, also vorher mindestens 1 Stunde aus dem Kühlschrank nehmen. Die Butter mit dem Salz, Knoblauch und den Kräutern verrühren. Baguette diagonal einschneiden, anschließend die Kräuterbutter in die Schnitte einfüllen und in Alufolie einwickeln, damit beim Grillen die Butter nicht zerläuft. Die Kräuterbutter kann mit verschiedenen TK-Kräutermischungen (Basilikum, Salatkräuter, Italienische Kräuter, Schnittlauch, Petersilie) variiert werden. Natürlich kann man auch frische gehackte Kräuter verwenden.

Baguette-Brötchen mit Käseknoblauch

(für ca. 10 Personen)

1 Bund Petersilie
1 Bund Schnittlauch
3 Knoblauchzehen
100 g Butter
10 Scheiben Gouda
10 Baguette-Brötchen

Die Kräuter waschen und trockenschütteln. Petersilie fein hacken und Schnittlauch in feine Röllchen schneiden. Knoblauch schälen und fein hacken. Die weich gehaltene Butter mit den Kräutern verrühren. Gouda in schmale Streifen schneiden.

Die Brötchen im Abstand von 1 cm einschneiden. In die Einschnitte abwechselnd Käse und Kräuterbutter füllen. Die Brötchen werden in einer Aluschale auf dem Grill aufgebacken, bis sie schön kross sind und der Käse geschmolzen ist.

Pizzabrötchen

(für ca. 10 Personen)

200 g Kochschinken
200 g roher Schinken
200 g Salami
200 g Gouda
1 Dose Pilze
200 g Schmelzkäse
150 g Butter
1 Becher Schlagsahne
10 Brötchen

Schinken, Salami, Gouda und Pilze in sehr feine Würfel schneiden.
Schmelzkäse und Butter in einem Topf schmelzen. Achtung, nicht kochen! Wenn alles geschmolzen ist, den Becher Sahne untermischen und sofort die Masse in eine große Schüssel gießen. Alles etwas abkühlen lassen, dann die gewürfelten Zutaten untermengen.

Die Brötchen halbieren und aushöhlen. Dann mit einem Esslöffel die Masse in die Brötchen füllen. Die Hälften auf ein mit Backpapier ausgelegtes Backblech legen und im Ofen ca. 10 Min. bei 200° C überbacken.

Matjestatar auf Brot
(für ca. 10 Personen)

2 süßsaure Äpfel
3 Zwiebeln
500 g Matjesfilet
4 große Gewürzgurken
200 g Schmand
200 g saure Sahne
1 großes Kaviarbrot
125 g Butter
Salatblätter

Äpfel schälen und entkernen, Zwiebeln pellen. Matjesfilet, Gewürzgurken, Äpfel und Zwiebeln sehr klein hacken, Schmand und saure Sahne dazugeben und alles gut miteinander vermischen. Mit Pfeffer aus der Mühle abschmecken.
Kaviarbrot in Scheiben schneiden. Brotscheiben mit Butter bestreichen, mit einzelnen Salatblättern belegen und darauf das Tatar gleichmäßig verteilen.

Käsedreiecke mit Sellerie
(für ca. 10 Personen)

4 Stangen Staudensellerie
⅛ l Schlagsahne
30 g geriebener Parmesankäse
30 g gehackte Walnusskerne
frisch gemahlener Pfeffer
7-8 Toastscheiben
50 g Butter
einige Weintrauben

Selleriestangen schälen und sehr fein hacken. Sahne steif schlagen. Käse und Walnüsse miteinander vermengen, mit Pfeffer würzen und zusammen mit dem gehackten Sellerie vorsichtig unter die Sahne heben. Das Toastbrot toasten, jeweils in vier Dreiecke schneiden und mit Butter bestreichen. Mit einem Teelöffel kleine Häufchen auf die Toast-Dreiecke geben und mit Weintrauben dekorieren.

Ciabatta mit Schinken und Mozzarella

(für ca. 10 Personen)

2 Ciabattabrote, in ca. 20 Scheiben geschnitten
5 EL Olivenöl
3 zerdrückte Knoblauchzehen
2 Pakete Mozzarella (Stangen)
8 große Fleischtomaten
20 Scheiben Parmaschinken
frisches Basilikum
Salz und frisch gemahlener Pfeffer

Backofen auf ca. 180° C vorheizen.
Olivenöl mit Knoblauch, Salz und Pfeffer vermischen und damit die Brotscheiben bestreichen. Auf ein mit Backpapier ausgelegtes Backblech legen und
im vorgeheizten Backofen bei ca. 180° C knusprig anbacken.
In der Zwischenzeit Mozzarella in ca. 40 dünne Scheiben schneiden. Fleischtomaten ebenfalls in dünne Scheiben schneiden.

Die Brote aus dem Backofen nehmen und mit je einer Scheibe Schinken, 2 Scheiben Tomaten und 2 Scheiben Mozzarella belegen. Nochmals im Ofen erhitzen, bis der Käse geschmolzen ist.
Auf einer Platte anrichten und die Brotscheiben mit Basilikumblättern und frisch gemahlenem Pfeffer verzieren.

Lebercreme auf Toast
(für 8 Personen)

500 g Geflügelleber
100 g geräucherter fetter Speck
2 Zwiebeln
½ TL gemahlener Thymian
¼ TL Rosmarinpulver
Pfeffer
60 g weiche Butter
8 EL Sahne
2 cl Cognac
1 EL gehackte Petersilie
8 Scheiben Toastbrot

Leber und Speck in kleine Würfel schneiden. Zwiebeln pellen und hacken. Speck und Zwiebeln dünsten, dann die Leberwürfel hinzufügen und alles zusammen weiter dünsten, bis die Masse etwas steif wird. Die Gewürze über die Leber streuen und bedeckt kalt werden lassen. Dann die Masse sehr fein durch den Fleischwolf drehen. Butter, Sahne und Cognac mit einem Schneebesen kräftig verrühren und mit der gehackten Petersilie vermengen, anschließend unter die Lebercreme rühren.

Das Brot toasten, diagonal schneiden und Lebercreme darauf streichen oder mit einem Spritzbeutel aufspritzen. Mit Petersilie garnieren.

Krabben-Tomaten-Baguette

(für 8 Personen)

2 Knoblauchzehen
100 g Krabbenfleisch (frisch oder TK)
Öl zum Braten
3 große Tomaten
2 EL Mayonnaise
2 EL Jogurt
Salz, Pfeffer
Zucker
etwas Zitronensaft
30 g Butter
8 Scheiben Baguette

Krabben abspülen und trockentupfen. Knoblauch pellen und hacken. Beides in heißem Öl goldbraun braten und abkühlen lassen. Tomaten waschen und in dünne Scheiben schneiden. Mayonnaise mit dem Jogurt verrühren und mit Salz, Pfeffer, Zitronensaft und etwas Zucker abschmecken. Die Baguettescheiben mit Butter bestreichen und mit Tomatenscheiben belegen, Jogurt-Mayonnaise und Krabben darauf verteilen und alles anrichten.

Gefülltes Fladenbrot
(für ca. 4 Personen)

Je 1 gelbe, rote und grüne Paprikaschote
250 g Zucchini
3 Knoblauchzehen
2 Zwiebeln
Rosmarin nach Bedarf
250 g Mozzarella
3 EL Olivenöl
Salz, Pfeffer
Paprika, edelsüß
1 Fladenbrot (ca. 300 g)

Den Backofen auf 200° C vorheizen.
Paprika und Zucchini waschen und vom Kerngehäuse befreien. Dann in Stücke schneiden. Knoblauch und Zwiebeln pellen und fein hacken. Den abgetropften Mozzarella in Scheiben schneiden. Paprika und Zucchini in heißem Öl ca. 5 Minuten braten und kurz vor Ende der Bratzeit Knoblauch, Rosmarin und Zwiebeln dazugeben. Mit Salz, Pfeffer und Paprika abschmecken. Das Fladenbrot etwas aushöhlen (mit einem Messer einen Deckel ausschneiden, so dass ein ca. 1 cm hoher Rand entsteht). Mozzarella und Gemüse in das Brot füllen und ca. 15 Minuten im Backofen backen.

Canapés

Canapés mit Schweinelende und Weintrauben

(für ca. 20 Stück)

450 g Schweinelende
1 EL Dijon-Senf
2 EL bunter Pfeffer und schwarzer Pfeffer gemischt
Öl
20 Scheiben Weizentoastbrot
200 g Kräuterfrischkäse
20 Weintrauben
Salz

Backofen auf 220° C vorheizen.
Lende abspülen, mit Küchenkrepp trocknen, leicht salzen und dünn mit Senf einstreichen. Den Pfeffer grob zerdrücken und das Fleisch darin wenden. Nun in einer mit Öl eingepinselten Auflaufform ca. 20 Minuten im Backofen garen. Anschließend das Fleisch in Alufolie wickeln, damit es nicht austrocknet, und abkühlen lassen.
Die Toastbrotscheiben toasten, leicht mit Öl einpinseln und abkühlen lassen. Anschließend je einen Kreis ausstechen. Der Kreis sollte nicht zu klein sein. Nun die Schweinelende in 20 Scheiben schneiden und die Toastkreise mit je einer Scheibe Lende belegen. Auf die Lende mit der Tortenspritze einen kleinen Klecks Frischkäse geben und mit der Weintraube garnieren.

Käsecanapés
(für ca. 12 Portionen)

300 g Frischkäse
4 EL Schlagsahne
30 g weiche Butter
1 TL Paprikapulver, edelsüß
Salz, Pfeffer
12 Cracker
12 Pumpernickeltaler
24 mit Mandeln und Paprika gefüllte Oliven
1 EL Schnittlauchröllchen

Frischkäse mit Sahne, Butter, Paprika, Salz und Pfeffer zu einer cremigen Masse verrühren.

Die Käsecreme in einen Spritzbeutel mit Sterntülle füllen und auf Cracker und Pumpernickeltaler Rosetten spritzen.

Mit gefüllten Oliven und Schnittlauchröllchen garnieren, mit je einem Stick versehen und anrichten.

Canapés mit Fetacreme und Basilikum
(für ca. 30 Portionen)

100 g Feta
100 g Doppelrahmfrischkäse
6 EL saure Sahne
1 Bund Basilikum
Kräutersalz
frisch gemahlener Pfeffer
1 Packung Vollkornbrottaler (250 g)
50 g Butter
250 g Kirschtomaten

In einer Schüssel den Feta mit der Gabel fein zerbröseln, dann den Frischkäse und die saure Sahne dazugeben und alles cremig rühren. Basilikum fein hacken und unter die Creme mengen. (Ein paar Blätter für die Deko zur Seite legen.) Nun mit Kräutersalz und Pfeffer abschmecken. Die Brottaler dünn mit Butter und dick mit Creme bestreichen. Anschließend mit je einer Tomatenhälfte und einem kleinen Basilikumblättchen belegen.

Kaviarcanapés

(ca. 20 Portionen)

5 Toastscheiben
2 EL Butterschmalz
1 Becher Crème fraîche (ca. 150 g)
ca. 400 g Deutscher Kaviar

Mit einem runden Plätzchenausstecher (Durchmesser ca. drei Zentimeter) aus jeder Toastscheibe etwa vier Taler ausstechen. Die Toast-Taler in einer Pfanne in heißem Butterschmalz goldbraun rösten und anschließend auf Küchenpapier abtropfen und abkühlen lassen. Auf jeden Taler einen Klecks Creme fraiche und etwas Kaviar geben.

Eier-Canapés

(für ca. 20 Stück)

5 Scheiben Toastbrot
5 Eier
2 Dose Sardellen
20 entsteinte Oliven (aus dem Glas)
1 Dose Paprikaschoten
Mayonnaise

Eier sehr hart abkochen, gut unter kaltem Wasser abschrecken, abkühlen lassen, pellen und in Scheiben schneiden. Toastbrotscheiben in je 4 kleine Quadrate teilen.
Eine Scheibe Ei auf jedes Quadrat legen und etwas Mayonnaise darauf verstreichen.
Auf die Mayonnaise ein kleines Stück Paprika, eine gerollte Sardelle und eine Olive geben.

Thunfisch-Canapés
(für 12 Stück)

6 Scheiben Toastbrot
Butter zum Bestreichen
Salz, Pfeffer
2 Dosen Thunfisch im eigenen Saft (160 g)
8 EL Mayonnaise
2 Eier (hart gekocht)
6 schwarze Oliven
etwas frischer Dill

Aus jeder Toastbrotscheibe mit Plätzchenausstecher oder anderen Hilfsmitteln 2 runde Canapés ausstechen und mit etwas Butter bestreichen. Den Thunfisch abgießen und zusammen mit der Mayonnaise im Mixer pürieren. Die Masse mit Salz und Pfeffer würzen. Die Eier pellen und in Scheiben schneiden. Auf jedes Toast-Canapé nun eine Scheibe Ei legen. Die Thunfischpaste in eine Tortenspritze füllen und rosettenförmig auf das Ei spritzen. Jedes Canapé mit einer Olivenhälfte und etwas Dill garnieren.

Dekoratives und kalte Platten

Schlachteplatte

800 g Sauerkraut
1 Zwiebel
5 EL Öl
Pfeffer
1 Blutwurst (ca. 300 g)
1 Ring grobe Leberwurst (ca. 400 g)
400 g geräucherter Schinken
200 g Lyoner Wurst (Kochwurst)
150 g durchwachsener geräucherter Speck
verschiedene frische Kräuter
rote Paprikastreifen
Zwiebelringe, in edelsüßem Paprika gewälzt
Lorbeerblätter
Wacholderbeeren

Für diese Schlachteplatte eignet sich ein Holzbrett-Schwein sehr gut, aber natürlich erfüllt auch ein normales Holzbrett seinen Zweck. Sauerkraut mit einem scharfen Messer etwas klein schneiden. Zwiebel pellen und in kleine Würfel schneiden. Nun Sauerkraut mit den Zwiebeln, Öl und Pfeffer gut vermischen und auf dem Holzbrett anrichten. Die Wurstwaren werden mit den restlichen Zutaten auf dem Sauerkraut angerichtet.

Hausmacher Wurstplatte

1 Kopfsalat
4 Orangen
500 g Fleischsalat
2 Gewürzgurken
200 g grobe Leberwurst
200 g Kalbsleberwurst
200 g Teewurst
ca. 150 g Mayonnaise
1 Bund gehackte Petersilie
300 g gekochter Schinken in Scheiben
1 Zitrone, in dünne Scheiben geschnitten

Eine große Platte mit den gewaschenen und trockengeschüttelten Salatblättern belegen. Die Orangen am unteren Teil etwas flach abschneiden, damit sie stehen können. Dann oben ca. ein Drittel wegschneiden und das Fruchtfleisch entfernen. Dieses zerkleinern und unter den Fleischsalat mischen. Dann die ausgehöhlten Apfelsinen mit dem Fleischsalat füllen und die Deckel wieder aufsetzen. Die gefüllten Apfelsinen in der Plattenmitte anordnen.

Eine Gewürzgurke ganz fein hacken und unter die grobe Leberwurst kneten. Anschließend die Leberwurstmasse ca. 15 Minuten im Kühlschrank fest werden lassen. Dann mit einem Teelöffel muschelförmige Stücke davon abstechen und diese neben die Orangen setzen.

Die Kalbsleberwurst in dicke Scheiben und die restliche Gurke in schräge Scheiben schneiden und beides auf der Platte anordnen. Von der Teewurst den Darm entfernen und kleine runde Kügelchen formen. Diese neben die Leberwurst setzen.

Die gehackte Petersilie mit der Mayonnaise mischen und auf die Schinkenscheiben streichen. Dann die Scheiben aufrollen und die Röllchen mit Zitronenscheiben dazwischen an den Plattenrand legen.

Käseplatte

einige Salatblätter
200 g Emmentaler in Scheiben
200 g Gouda (mittelalt) in Scheiben
220 g Esrom mit Pfeffer in Scheiben
1 Camembert
150 g Roquefort
200 g Hirtenkäse
200 g Sahnequark
3 EL fein gehackte Kräuter
(Petersilie, Schnittlauch)
½ TL Salz
Weintrauben
1 Bund Petersilie

Als Unterlage eignet sich ein Holzbrett gut. Dieses wird mit einigen Salatblättern belegt. Dann den gesamten Schnittkäse treppenartig auf dem Holzbrett anordnen. Darauf den Camembert, Roquefort und den Hirtenkäse jeweils im Stück legen.

Den Sahnequark mit Kräutern und Salz verrühren, in eine kleine Schüssel füllen und mit auf die Käseplatte stellen. Die Zwischenräume mit Weintrauben und Petersilienzweigen füllen.

Rohkostplatte
mit Guacamole-Sauce

(für ca. 20 Personen)

1 kg junge Karotten
4 große grüne Gurken
5 rote Paprikaschoten
5 gelbe Paprikaschoten
5 grüne Paprikaschoten
2 Bund Stangensellerie

Gemüse gründlich waschen. Karotten und Gurken schälen. Paprikaschoten waschen, halbieren und entkernen. Beim Stangensellerie die groben Fäden abziehen.
Dann das Gemüse bis auf die Gurken in Stifte schneiden. Die Gurken in gleichmäßige Scheiben schneiden. Das gesamte Gemüse auf einer Platte anrichten.

Guacamole

1 Becher Jogurt (200 g)
1 Zwiebel, grob gehackt
2 Knoblauchzehen, zerdrückt
1 Avocado, ohne Kern und geschält
ca. 1 EL Zitronensaft
2 TL Chilisauce
ein paar Spritzer Tabasco

Alle Zutaten mit einem Mixer pürieren und mit frischem Pfeffer abschmecken.
Bis zum Verzehr die Dip-Sauce im Kühlschrank aufbewahren.

Eier in Tomaten

(für 8 Personen)

4 Scheiben magerer Kochschinken
8 Fleischtomaten (vollreif)
Salz, Pfeffer
1 Prise gemahlener Oregano
8 Eier
2 EL Öl
4 EL Parmesan (frisch gerieben)
2 EL Olivenöl
8 Blatt Basilikum

Backofen auf 200° C vorheizen.
Den Schinken sehr fein würfeln. Tomaten waschen, mit Küchenkrepp trockenreiben, einen Deckel abschneiden und die Tomaten mit einem Löffel vorsichtig aushöhlen. Mit Salz, Pfeffer und Oregano würzen. Nun den Schinken in die Aushöhlung geben und je ein Ei hineinschlagen. Die Tomaten in eine eingeölte feuerfeste Auflaufform geben, mit je einem Teelöffel Parmesan bestreuen und mit wenig Olivenöl beträufeln. Im Backofen ca. 30 Minuten auf mittlerer Schiene garen. Dabei die ersten 20 Minuten mit Alufolie abdecken. Mit einem Blättchen Basilikum garnieren.

Schweinsmedaillons
(für 16 Stück)

650 g Schweinefilet
2 EL Öl
Salz, Pfeffer
150 g Frischkäse
1 ½ EL Tomatenmark
einige Kirschtomaten
Petersilie

Schweinefilets in 16 kleine Scheiben schneiden und im heißen Öl ca. 3 Minuten von beiden Seiten braten, dann mit Salz und Pfeffer würzen. Frischkäse und Tomatenmark verrühren und in einen Spritzbeutel geben. Die fertigen, abgekühlten Filetscheiben damit dekorieren und mit Tomatenspalten und Petersilie garnieren.

Windbeutel mit Geflügelcreme

(für ca. 30 Stück)

Für den Teig
60 g Butter
¼ TL Salz
75 g Mehl
2 Eier

Für die Füllung
200 g geräucherte Putenbrust
100 g Butter
6 EL Schlagsahne
Salz, Pfeffer

Den Backofen auf 225° C vorheizen.
In einem Topf ⅛ l Wasser, Butter und Salz zum Kochen bringen. Das Mehl in den Topf geben und kräftig rühren, bis der Teig sich vom Topfboden löst. Den Topf vom Herd nehmen und die Eier unter den Teig rühren. Anschließend den Teig ca. 2 Stunden abkühlen lassen.

Nun den Teig in einen Spritzbeutel füllen und kleine Häufchen von etwa zwei Zentimeter Durchmesser auf ein mit Backpapier ausgelegtes Backblech spritzen. Die Windbeutel in den Backofen schieben und etwa 15 bis 20 Minuten backen. Anschließend auf einem Kuchengitter abkühlen lassen.

Das Putenfleisch sehr klein schneiden und zusammen mit der weichen Butter, der Schlagsahne, Salz und Pfeffer im Mixer pürieren und für ca. 1 Stunde kalt stellen.

Zum Schluss die Windbeutel aufschneiden. Die Creme in einen Spritzbeutel geben, die untere Hälfte mit der Geflügelcreme füllen und die obere Hälfte aufsetzen.

Räucherlachs-Ecken

(für 8 Personen)

10 EL Schmand
3 TL Meerrettich (Glas)
2 rote Zwiebeln, fein gehackt
2 EL Kapern
Salz, Pfeffer
2 Packungen TK-Blätterteigplatten
400 g Räucherlachs, in Streifen geschnitten
2 Eigelb
2 EL Milch

Backofen auf 200° C vorheizen.
Blätterteigplatten auftauen. Schmand, Meerrettich, gehackte Zwiebeln, Kapern, Salz und Pfeffer zu einer cremigen Masse verrühren. Nun die Teigplatten mit der Masse bestreichen, dabei den Rand aussparen und mit den Lachsstreifen belegen. Teigränder mit Eigelb und Milch verquirlt bestreichen. Teig über der Füllung zu Dreiecken zusammenklappen, Ränder andrücken. Alles mit übrigem Ei bestreichen. Backblech mit Backpapier auslegen und die Räucherlachsecken darauf verteilen. Im Backofen ca. 15 bis 20 Minuten backen.

Pikante Käsebällchen

(für ca. 16 Portionen)

500 g Magerquark
150 g Kräuterfrischkäse
Sesam
Mohn
grober Pfeffer
Paprikapulver
Schnittlauchröllchen
einige Salatblätter

Den Magerquark in einem Leinentuch gründlich ausdrücken, bis er trocken ist. Dann mit dem Kräuterfrischkäse verrühren. Mit einem Teelöffel Häufchen abstechen und mit dem Handballen zu kleinen Kugeln rollen. Die Kugeln in Sesam, Schnittlauchröllchen, Mohn, grobem Pfeffer oder Paprikapulver wälzen und auf einer Platte, die mit Salatblättern ausgelegt wurde, servieren.

Gefüllte Eier mit Gurke

(für ca. 20 Portionen)

10 hart gekochte Eier
4 EL Mayonnaise
3 EL Senf
3 EL Petersilie
3 Gewürzgurken, ganz fein gehackt
Salz
3 EL Schnittlauchröllchen
einige Salatblätter

Die hart gekochten Eier längs halbieren und vorsichtig das Eigelb entfernen. Die Eigelbe mit der Mayonnaise, Senf, Petersilie und den Gurkenstückchen verrühren und mit wenig Salz abschmecken. Mit Hilfe einer Tortenspritze mit großer Tülle nun die Eihälften füllen. Zum Schluss die gefüllten Eier mit Schnittlauchröllchen bestreuen und auf einer Platte mit Salatblättern anrichten.

Wurstfinger
(Halloween)
(für 10 Portionen)

20 Partywürstchen
20 abgezogene Mandeln
Ketschup

Die Würstchen auf einer Seite am Ende leicht einschneiden, dann eine Mandel als Fingernagel hineinstecken. Auf der anderen Seite das Würstchen mit Ketschup bestreichen, so dass es blutig aussieht. Die Finger auf einer Platte anrichten und noch etwas Ketschup neben den Würstchen verteilen.

Monsterkette
(Halloween)
(für 20 Portionen)

20 Mini-Schokoküsse (oder mehr)
50 g braune Kuvertüre
50 g weiße Kuvertüre

Kuvertüre schmelzen und in je eine kleine Gefriertüte gießen. Minimal eine Ecke abschneiden. Auf die braunen Schokoküsse mit weißer Kuvertüre ein Gesicht zeichnen, die Augen etwas lang ziehen. Das Gleiche mit den weißen Schokoküssen und der braunen Kuvertüre wiederholen. Die fertigen Monster schlangenförmig als Kette aufstellen.

Monster-Augen (Halloween)
(für 10 Personen)

10 hart gekochte Eier
10 entkernte schwarze Oliven, halbiert
500 g Frischkäse
2 gepresste Knoblauchzehen
etwas flüssige Sahne
Salz, Pfeffer

Die Eier halbieren und die Eigelbe vorsichtig mit einem Teelöffel entfernen. Frischkäse mit Knoblauch, den Eigelben und etwas Sahne verrühren und mit Salz und Pfeffer abschmecken. Mit Hilfe einer Tortenspritze die Eier mit der Masse füllen. Eine halbierte schwarze Olive wird als Pupille auf das »Auge« gesetzt.

Avocados mit Kaviarfüllung
(für 8 Personen)

4 Avocados
200 g saure Sahne
Salz, Pfeffer
2 EL frisch gepresster Zitronensaft
4 Dosen Deutscher Kaviar à 50 g
Schnittlauch
Zitronenscheiben

Saure Sahne mit Salz, Pfeffer und Zitronensaft verrühren. Avocados aufschneiden und entkernen. Das Fruchtfleisch mit Hilfe eines Löffels auslösen, eventuell noch etwas zerkleinern und mit der Sahne vermischen. Die Avocadohälften mit der Sahnemischung füllen und mit Schnittlauchröllchen überstreuen. Nun kleine Kaviarkleckse an einer Seite der Avocadohälften verteilen und alles mit Schnittlauchröllchen bestreuen. Mit jeweils einer Zitronenscheibe garnieren.

Tomaten-Käse-Kugeln

(für ca. 20 Kugeln)

200 g Butter
200 g geriebener Emmentaler
150 g Kräuterfrischkäse
2 EL Tomatenmark
Salz, Pfeffer
100 g gehackte Pistazien

Die Butter mit dem Mixer schaumig rühren. Emmentaler, Frischkäse und Tomatenmark hinzufügen. Alles gut mit einem Holzlöffel durchrühren. Nun die Creme mit Salz und Pfeffer abschmecken und mit dem Handballen kleine Kugeln formen. Zum Schluss werden die Kugeln in den gehackten Pistazien gewälzt. Vor dem Servieren mindestens eine Stunde im Kühlschrank kalt stellen.

Würstchen im Blätterteigmantel

(für ca. 10 Personen)

10 Wiener Würstchen
5 Scheiben Blätterteig
etwas Mehl
1 Ei

Backofen auf 200 °C vorheizen.
Backblech mit Backpapier belegen. Blätterteig auf einer leicht bemehlten Arbeitsplatte ausrollen und in ca. 1 ½ cm breite Streifen schneiden. Die Enden der Würstchen kreuzweise einschneiden. Nun jedes Würstchen mit einem Teigstreifen umwickeln, dabei die Enden frei lassen und mit verquirltem Ei bestreichen. Auf das Backblech legen und ca. 25 Minuten goldgelb backen.

Dips und Saucen

Preiselbeerdip

8 EL Preiselbeerkompott
6 EL Meerrettich
3 EL Cognac

Alles zusammen verrühren und in einem Schälchen anrichten.

Feuerdip

1 Paprikaschote
1 Zwiebel
1 Becher Jogurt
2 EL Tomatenmark
½ Becher Sahne
Chiliöl
Salz, Pfeffer
Sojasauce
1 Prise Zucker
frische gehackte Petersilie

Paprikaschote halbieren, entkernen, waschen. Zwiebel pellen und beides sehr fein hacken. Mit Jogurt, Tomatenmark und Sahne verrühren. Mit Chiliöl, Salz, Pfeffer, Sojasauce und einer Prise Zucker abschmecken.
Vor dem Servieren frische gehackte Petersilie unterrühren.

Barbecuesauce

1 Zwiebel
2 EL Olivenöl
1 Dose passierte Tomaten
3 EL Tomatenmark
3 TL Worcestersauce
4 EL brauner Zucker
1 TL Paprika
Salz, Pfeffer

Zwiebel schälen, würfeln und in Öl dünsten. Dann alle anderen Zutaten nach und nach zugeben und einkochen lassen, bis die Sauce eine dickliche Konsistenz hat. Kann warm und kalt serviert werden.

Feurige Schafskäsepaste

300 g Schafskäse
500 g Frischkäse mit Kräutern
100 g Ajvar (scharfe Paprikapaste)
1 Pckg. Kräuter der Provence (TK)
1 EL Pfeffer
2 EL Rosenpaprika
2 EL Knoblauchpulver

Den Schafskäse mit der Gabel zerbröckeln und zusammen mit den anderen Zutaten in eine Schüssel geben. Mit dem Handmixer alles geschmeidig rühren. Mindestens 2 Stunden durchziehen lassen. Schmeckt lecker zum Grillfleisch.

Olivendip

300 g Mayonnaise
70 g mit Paprika gefüllte Oliven
4 Knoblauchzehen, zerdrückt
1 Prise Tabasco
Cayennepfeffer

Oliven fein hacken und mit dem zerdrückten Knoblauch unter die Mayonnaise rühren. Mit Tabasco, Pfeffer und dem Olivensud pikant würzen.

Avocado-Eier-Dip

2 Eier, hart gekocht
1 Avocado
50 g Gorgonzola
1 Knoblauchzehe
Saft einer halben Zitrone
Salz
frisch gemahlener Pfeffer

Die Eier fein hacken, Avocado halbieren, entkernen und das Fruchtfleisch herauslösen. Avocadofleisch und Gorgonzola durch ein Sieb streichen oder mit einer Gabel fein zerdrücken. Mit zerdrücktem Knoblauch, Zitronensaft und Eiern verrühren. Mit Salz und Pfeffer abschmecken.

Currydip

4 EL Rosinen
10 EL Sahnequark
5 EL Mayonnaise
5 EL Curryketschup
Salz, Pfeffer
Zitronensaft
etwas Curry

Die Rosinen mit einer Tasse kochendem Wasser übergießen und einen Moment ruhen lassen. Zwischendurch Quark mit der Mayonnaise und dem Curryketschup verrühren und mit den Gewürzen und etwas Zitronensaft abschmecken. Die Rosinen auf einem Sieb abtropfen lassen und in die Sauce geben. Vor dem Servieren nochmals mit etwas Curry abschmecken.

Kaviarbutter

250 g Butter
1 TL Zitronensaft
1 Eigelb
125 g Deutscher Kaviar

Die weiche Butter cremig rühren, dann Zitronensaft und Eigelb hinzufügen und nochmals alles mit dem Kaviar gut vermischen. Die Buttermischung ca. 2 cm dick auf eine Folie streichen und im Kühlschrank etwas fest werden lassen. Nun kann die Kaviarbutter in kleine Würfel geschnitten werden. Bis zum Servieren im Kühlschrank aufbewahren.

Fisch und Meeresfrüchte

Krabbencocktail
(für ca. 5 Personen)

750 g Shrimps oder TK-Krabben
4 EL Zitronensaft
4 Becher Crème fraîche
4 EL Ketschup
Zucker

Die Krabben mit dem Zitronensaft beträufeln, ein wenig einziehen lassen. Creme fraiche und Ketschup verrühren, die Shrimps oder Krabben unterrühren und mit dem Zucker abschmecken.

Knoblauch-Scampi
(für ca. 8 Personen)

24 Scampi
2 unbehandelte Zitronen
4 Knoblauchzehen
Salz, Pfeffer
Olivenöl

Scampi schälen, den Darm entfernen, gründlich waschen und mit etwas Zitronensaft beträufeln. Aus dem übrigen Zitronensaft, der abgeriebenen Zitronenschale, dem gepellten und gepressten Knoblauch, Salz, Pfeffer und 8 Esslöffel Olivenöl eine Marinade rühren und die Scampi darin mindestens 2 Stunden ziehen lassen, dabei öfter wenden. Ausreichend Öl in einer Pfanne erhitzen, Scampi gut abtropfen lassen und von jeder Seite etwa 2 Minuten braten. Dazu reicht man Baguettescheiben.

Forellen im Päckchen
(für ca. 10 Personen)

10 küchenfertige Forellen
3 Zwiebeln
3 Limetten
4 ½ Zitronen
150 g weiche Butter
Salz, frisch gemahlener Pfeffer

Forellen vorsichtig abspülen und trockentupfen. Zwiebeln pellen und in Viertel schneiden. Limetten auspressen. Zitronen waschen, abreiben und 2 Stück auspressen. Die restlichen Zitronen vierteln. In jede Forelle ein Stück Zwiebel und ein Stück Zitrone legen. Forellen von allen Seiten mit Butter bestreichen, mit Salz und Pfeffer würzen und mit Zitronen- und Limettensaft beträufeln. Anschließend jede Forelle in ein Stück Alufolie einwickeln. Die Forellen auf einen Grillrost legen und bei starker Hitze ca. 10 Minuten garen.

Gegrillte Kabeljaukoteletts
(für ca. 10 Personen)

12 Zweige Salbei
10 Stck. Kabeljaukoteletts
2 EL Senfkörner
2 TL Pfefferkörner
3 unbehandelte Zitronen
10 EL Olivenöl
Salz

Salbei grob hacken und die Senf- und Pfefferkörner im Mörser zerdrücken. Alles mit abgeriebener Zitronenschale, Zitronensaft und Öl verrühren. Den Fisch ganz leicht salzen, auf einen Rost legen und mit der Hälfte der Kräutermischung bestreichen. Nach ca. 5 Minuten den Fisch wenden und mit dem Rest bestreichen, weitere 5 Minuten grillen.

Kokos-Shrimps

(für ca. 10 Personen)

50 große, geschälte Shrimps
100 g Mehl
1 TL Backpulver
200 ml Bier
2 TL Paprika, edelsüß
1 ½ TL schwarzer Pfeffer aus der Mühle
2 TL Salz
1 TL Knoblauchpulver
1 TL Zwiebelpulver
1 TL Oregano
1 TL Thymian
1 EL Cayennepfeffer
300 g ungesüßte Kokosraspel
Frittieröl
Salatblätter zum Garnieren

Das Mehl mit dem Backpulver vermischen, dann zusammen mit dem Bier und allen Gewürzen mit dem Schneebesen zu einem dickflüssigen Teig verarbeiten. Eventuell noch ein wenig Bier oder Mehl zugeben. Die Shrimps einzeln in den Teig tauchen, abtropfen lassen und in den Kokosraspeln wälzen, mit den Fingern andrücken. In einem großen Topf, besser aber in der Fritteuse das Öl auf ca. 180 Grad erhitzen. Immer nur einige Shrimps in das Öl geben, damit sie sich nicht berühren, etwa 1 bis 2 Minuten goldbraun frittieren. Anschließend auf Küchenkrepp abtropfen lassen. Eine Platte mit Salatblättern auslegen und die Schrimps darauf warm servieren.

Curry-Garnelen

(für ca. 6 bis 8 Personen)

4 Schalotten
4 Knoblauchzehen
40 g Ingwer
1 Salatgurke
4 Scheiben Ananas (Konserve)
2 EL Butter
2 EL Curry
¼ l Fleischbrühe
6 EL Cream of Coconut
800 g Garnelenschwänze
2 EL Sojasauce
Cayennepfeffer

Schalotten und Knoblauchzehen pellen und hacken. Den Ingwer fein schneiden und die Gurke schälen.
Gurke und Ananasscheiben in kleine Würfel schneiden. In einer beschichteten großen Pfanne die Butter zerlassen. Schalotten und Knoblauch darin glasig dünsten. Curry unterrühren und kurz anbraten, dann Ingwer dazugeben. Die Fleischbrühe und die Cream of Coconut aufgießen und alles einmal aufkochen. Gurke, Ananas und Garnelenschwänze in die Sauce geben und 5 Minuten bei milder Hitze darin ziehen lassen. Die Sauce mit Cayennepfeffer und Sojasauce abschmecken. Die Garnelen in vorgewärmte kleine Schalen füllen und mit Crackern servieren.

Muschelcocktail

(für 8 Personen)

6 EL Mayonnaise
6 EL Sauerrahm
½ TL Curry
3 EL Sherry
1 EL Zitronensaft
Salz, Pfeffer
3 EL in feine Röllchen geschnittener Schnittlauch
1 EL Petersilie
¼ TL Ingwerpulver
einige Salatblätter
750 g gekochte Miesmuscheln
8 Zitronenspalten

Mayonnaise und Sauerrahm miteinander verrühren. Mit Curry, Sherry, Kräutern, Salz, Pfeffer und etwas Zitronensaft abschmecken. Ingwer je nach Geschmack zufügen. Die Salatblätter waschen, trocknen und in sehr feine Streifen schneiden. Kleine, aber tiefe Salatteller mit je einem Salatbett auslegen. Die Muscheln auffüllen und kurz vor dem Servieren mit der Sauce übergießen. Die Zitronenspalten etwas einschneiden und auf den Rand der Schale stecken. Dazu wird gerösteter Toast serviert.

Chili-Garnelen-Spieße
(für 6 Portionen)

30 rohe Riesengarnelen
80 g Butter
1 zerdrückte Knoblauchzehe
2 TL brauner Zucker
2 EL Limettensaft
2 EL frisch gehackter Koriander
2 EL frische und fein gehackte Basilikumblättchen
1 ½ EL süße Chilisauce

Zuerst werden die Garnelen aus dem Panzer gelöst und die Köpfe entfernt. Dabei aufpassen, dass man die Schwänze unberücksichtigt lässt. Nun mit einem scharfen Messer am Rücken aufschlitzen und den Darm entfernen.

In einem Wok oder einer großen Pfanne die Butter erhitzen. Zuerst alle übrigen Zutaten in den Wok füllen und gut vermengen. Dann die Garnelen darin portionsweise bei mittlerer Hitze ca. 5 bis 7 Minuten garen, bis sie sich rosa einfärben.
Auf Holzspieße aufstecken und warm servieren.

Lachs in Blätterteig

(für 15 Personen)

300 g TK-Blätterteig
350 g Lachsfilet
Salz, Pfeffer
Koriander, gemahlen
400 g Spinat
1 Bund Schnittlauch (in Röllchen geschnitten)
1 Eigelb

Blätterteig auftauen lassen und dann zu einem großen Rechteck ausrollen. Den Lachs in ca. ½ cm dicke Scheiben schneiden und mit Salz, Pfeffer und Koriander kräftig würzen. Dann den Spinat in wenig kochendem Salzwasser kurz zusammenfallen lassen, über ein Sieb abgießen und mit Küchenkrepp ausdrücken. Nun die Blätterteigplatte erst mit dem Spinat, dann mit Lachs belegen und zum Schluss mit Schnittlauchröllchen bestreuen, dabei den Rand frei lassen. Den Rand mit Eigelb bestreichen, dann die Platte aufrollen und im Backofen bei 200° C ca. 20 Minuten backen. Kurz abkühlen lassen und in Scheiben geschnitten servieren.

Eingelegte Kräuter-Rollmöpse
(für 8 Personen)

8 Heringe, filetiert
16 Cornichons
3 Zitronenscheiben
3 Zwiebeln, in Scheiben geschnitten
3 Lorbeerblätter
2 rote Chilischoten
½ TL Senfkörner
½ TL Fenchelsamen
½ TL Pfefferkörner
½ TL Kümmel
3 Nelken
4 ½ dl Estragonessig
4 EL Wasser
1 knapper TL Salz

Jedes Heringsfilet um ein Cornichon wickeln und mit einem Zahnstocher fixieren. Die gerollten Heringsfilets in ein großes, mit heißem Wasser ausgespültes Glas schichten.

Nun die Zitronen- und Zwiebelscheiben sowie die Gewürze zwischen den Rollmöpsen verteilen. In einem Kochtopf Essig, Wasser und Salz miteinander vermischen, aufkochen und dann abkühlen lassen. Den abgekühlten Sud über die Rollmöpse gießen und das Glas fest verschlossen ca. 1 Woche im Kühlschrank durchziehen lassen.

Gebratenes und gegrilltes Fleisch

Gegrillte Hähnchenbrust mit Senf
(für ca. 10 Personen)

10 Hähnchenbrustfilets
10 dünne Baconscheiben
süßer, bayerischer Senf
Grillpfannen aus Aluminium
Zahnstocher

Die Hähnchenbrustfilets abspülen, mit Küchenkrepp trockentupfen und auf einer Seite mit dem süßen Senf bestreichen, anschließend mittig mit den Baconstreifen umwickeln, mit einem Zahnstocher feststecken und auf der Grillpfanne anrichten.

Auf dem Grill ca. 6 Minuten von beiden Seiten grillen.

Gegrillte Schweinebauchscheiben
(für ca. 10 Personen)

10 Scheiben Schweinebauch
5 EL Öl
Salz, Pfeffer
4 EL mittelscharfer Senf
4 EL Zitronensaft
500 ml Bier

Schweinebauchscheiben abspülen und mit Küchenkrepp trockentupfen. Schwarte mehrmals einschneiden. Öl, Salz, Pfeffer, Senf und Zitronensaft verrühren und die Fleischscheiben damit bestreichen. Auf dem vorgeheizten Grill von jeder Seite 5 Minuten grillen. Mit Bier bepinseln und weitere 3 bis 4 Minuten garen, bis die Scheiben schön knusprig sind.

Hamburger vom Grill
(für ca. 10 Personen)

2 Zwiebeln
1 kg Rindergehacktes
2 Eier
3 EL Semmelbrösel
3 EL Tomatenketschup
Salz, Pfeffer
Öl
10 Ananasscheiben

Die Zwiebeln pellen, fein würfeln und mit den anderen Zutaten zu einem geschmeidigen Teig verarbeiten. Aus dem Fleischteig dann flache Hamburger formen und diese von beiden Seiten mit Öl bestreichen. Anschließend von jeder Seite ca. 5 Minuten grillen. Vor dem Servieren mit Ananasscheiben belegen.

Kasselerbraten in Blätterteig

(für ca. 5 Personen)

1 kg Kasseler ohne Knochen
⅛ l Wasser
2 EL Senf
2 EL gehackte Kräuter, gemischt
300 g TK-Blätterteig
1 Eigelb
1 EL Wasser
Öl

Backofen auf ca. 225° C vorheizen.
Kasseler in einen Bratentopf geben, ¼ l Wasser und etwas Öl dazugeben und im vorgeheizten Backofen ohne Deckel 25 Minuten schmoren lassen. In der Zwischenzeit den Blätterteig auftauen. Wenn das Fleisch abgekühlt ist, mit Senf und den Kräutern einreiben. Blätterteigplatten aufeinander legen und auf einer bemehlten Fläche zu einem großen Rechteck ausrollen. Ein wenig Teig zum Garnieren beiseite legen. Nun das Kasseler in den Blätterteig einwickeln. Ein Backblech mit Backpapier auslegen und die Kasselerrolle auf das Blech setzen. Aus dem Teigrest Motive ausstechen und auf die Blätterteig-Kasselerrolle setzen. Alles ca. 20 Minuten ruhen lassen. Dann das Eigelb mit 1 EL Wasser verrühren und die Teigrolle damit bestreichen. Das Kasseler ca. 40 Minuten backen.

Scharfe Flügel
(für 12 Personen)

36 Hühnerflügel
180 g Stärkemehl
3 EL Sojasauce
6 EL Wasser
6 Knoblauchzehen, zerdrückt
6 TL Sambal Oelek
3 Eiweiß, steif geschlagen
Erdnussöl zum Braten
200 g geröstete Cashewkerne, ungesalzen, für die Deko

Die Hühnerflügel abspülen und mit Küchenkrepp trockentupfen. Die übrigen Zutaten zu einem Teig verrühren und zum Schluss den Eischnee unterheben. Dann die Hühnerflügel in den Teig geben und gut durchmischen.

Genügend Öl in einen Wok geben und erhitzen. Die Hühnerflügel aus dem Teig nehmen, abtropfen lassen und ca. 5-6 Minuten (je nach Größe auch etwas länger) rundherum goldbraun braten.
Auf einem Teller mit Cashewkernen anrichten.

Fleischspieße mit Erdnuss-Sauce
(ca. 15 Spieße)

Für die Marinade
etwas Ingwerpulver
1 rote entkernte und fein gehackte Chilischote
2 zerdrückte Knoblauchzehen
4 bis 5 EL Sojasauce
4 EL trockener Sherry
1 EL Zitronensaft
3 EL Fleischbrühe (Instant)
1 EL Erdnussöl
1 TL Zucker
frisch gemahlener schwarzer Pfeffer
1 TL frischer gehackter Koriander
750 g Putenschnitzel

Für die Sauce
4 gehackte Zwiebeln
2 Knoblauchzehen
¼ l Fleischbrühe
125 g Erdnussbutter
Saft einer Zitrone
Salz, frisch gemahlener schwarzer Pfeffer
1 EL Öl
15 Holzspieße

Backofen auf 220° C vorheizen.
Die Zutaten für die Marinade miteinander vermischen. Fleisch in 15 lange Streifen schneiden und in einer tiefen Form mit der Marinade übergießen. Mindestens 8 Stunden im Kühlschrank ziehen lassen. Für die Sauce Zwiebeln und den zerdrückten Knoblauch in etwas Öl andünsten, Fleischbrühe und Erdnussbutter hinzufügen und unter ständigem Rühren etwas einkochen lassen. Mit Zitronensaft, Salz und Pfeffer abschmecken und abkühlen lassen. Die Fleischstreifen fächerartig auf die Holzspieße stecken, in eine feuerfeste, mit Öl ausgepinselte Form legen und mit der Marinade bestreichen. Im Backofen ca. 25 Minuten garen. Die Sauce separat servieren.

Hähnchenbrust-Spieße

(für ca. 8 Spieße)

700 g Hähnchenbrustfilet
je 2 rote, gelbe und grüne Paprikaschoten
Salz, Pfeffer
Öl zum Braten
Ketschup

Hähnchenbrustfilets abspülen, mit Küchenkrepp trockentupfen und in mundgerechte Stücke schneiden. Die Paprikaschoten waschen, halbieren, entkernen und ebenfalls in Stücke schneiden. Paprikastücke abwechselnd mit den Fleischstücken auf Holzspieße stecken, mit Salz und Pfeffer würzen. Fett in einer Pfanne erhitzen und die Fleischspieße darin braten. Die Spieße mit Ketschup servieren.

Knusper-Flügel

(für ca. 4 Personen)

8 bis 12 Hähnchenflügel
4 EL Öl
4 EL Tomatenketchup
2 TL Zitronensaft
1 EL Honig
3 EL Butterschmalz zum Braten

Die Hähnchenflügel unter kaltem Wasser abspülen und mit Küchenkrepp trockentupfen. Für die Marinade Öl, Tomatenketchup, Zitronensaft und den Honig zu einem glatten Brei verrühren. Dann die Hähnchenflügel gleichmäßig mit der Marinade bepinseln und etwa 30 Minuten einziehen lassen. In einer großen Pfanne das Butterschmalz erhitzen, es darf aber nicht zu heiß werden. Nun die Hähnchenflügel in die Pfanne legen und bei nicht zu starker Hitze von beiden Seiten ca. 10 Minuten knusprig braun braten. Zwischendurch immer wieder drehen und mit der restlichen Marinade bestreichen.

Frikadellen
(für ca. 35 Frikadellen)

3 Brötchen
3 Zwiebeln
1,5 kg gemischtes Hackfleisch
3 Eier
Salz, Pfeffer
Thymian
Semmelbrösel
Fett zum Braten

Die Brötchen in Wasser einweichen. Zwiebeln pellen und fein hacken. Das Hackfleisch mit den ausgedrückten Brötchen, Eiern, Zwiebeln und Gewürzen zu einem glatten Teig verkneten. Semmelbrösel in einen tiefen Teller geben. Aus dem Hackfleisch mit den Händen nun kleine Kugeln formen, etwas platt drücken, kurz in Semmelbröseln wenden und in der Pfanne im heißen Fett von beiden Seiten gar und knusprig braten.

Kasseler mit Ananas
(für ca. 12 Portionen)

1,5 kg Kasselerbraten
4 TL Mangochutney
6 TL Ananassaft
12 Scheiben Ananas (Konserven)
Butter zum Einfetten

Backofen auf 220° C vorheizen.
Das Kasseler in 12 Scheiben schneiden. Mangochutney und Ananassaft verrühren, Fleisch damit einpinseln. Eine größere Auflaufform mit Butter einfetten, dann die Kasseler- und Ananasscheiben in die Form einschichten. Ananas dabei auf die Kasselerscheiben legen. Im vorgeheizten Backofen ca. 40 Minuten garen. Kann kalt oder warm serviert werden.

Japanische Fleischspieße
(ca. 50 Stück)

1,5 kg Geflügelfilet
⅛ l Sake oder trockenen Weißwein
⅛ l Sojasauce
5 EL süßer Sherry
2 EL Erdnussöl
2 TL gehackter Ingwer
2 Bund frische Frühlingszwiebeln

Fleisch in mundgerechte Stücke schneiden und mit allen Zutaten außer den Frühlingszwiebeln in einer Schüssel vermengen.
Die Schüssel zudecken und über Nacht im Kühlschrank kalt stellen.
Am nächsten Tag das Fleisch abwechselnd mit den geputzten und in ca. 2 cm große Stücke geschnittenen Zwiebeln auf kleine Spieße stecken und ca. 5-10 Minuten im Backofen grillen, bis sie goldbraun sind. Dabei häufig drehen.

Lammbällchen mit Knoblauch
(für 8 Personen)

2 Brötchen
4 Zwiebeln
4 Knoblauchzehen
6 EL Öl
500 g Schweinegehacktes
500 g Lammgehacktes
2 Eier
4 EL gehackte Petersilie
4 EL gehacktes Basilikum
2 EL gehackter Kerbel
1 EL gehackte Zitronenmelisse
Salz, Pfeffer

Brötchen in kaltem Wasser einweichen und ausdrücken. Zwiebeln und Knoblauch pellen und fein würfeln. Gehacktes mit den Zwiebeln, Knoblauch, Brötchen, Ei, Kräutern, Salz und Pfeffer zu einem Teig verarbeiten. Mit angefeuchteten Händen kleine Kugeln formen. In heißem Öl die Fleischbällchen ca. 8 bis 10 Minuten von allen Seiten knusprig braten.

Hähnchensticks mit Honigkruste

(ca. 30 Stück)

4 TL Honig
4 TL heißes Wasser
4 TL Zitronensaft
4 Knoblauchzehen, zerdrückt
4 TL Ingwer
5 Hähnchenbrustfilets, in Streifen geschnitten
Salz, Pfeffer

Für den Teig
2 Eiweiß
2 EL Weizenmehl
4 TL Öl
4 EL Wasser
4 TL Honig
2 EL Sojasauce
2 EL Sherry
Öl zum Frittieren
Chilisauce, süß-sauer

Honig, heißes Wasser, Zitronensaft, Knoblauch und Ingwer vermischen und auf die Hähnchenstreifen verteilen. Zugedeckt 12 Stunden im Kühlschrank marinieren.
Am nächsten Tag mit Salz und Pfeffer würzen. Eiweiß steif schlagen. Mehl, Öl, Wasser, Honig, Sojasauce und Sherry zu einem glatten Teig verarbeiten. Den Eischnee unterheben.
In einer hohen Pfanne oder einem Topf ca. 4 bis 5 cm Öl erhitzen.
Die Hähnchenstreifen in den Teig tauchen, abtropfen lassen und goldbraun frittieren.
Auf Küchenkrepp abtropfen lassen und warm mit süß-saurer Chilisauce
servieren.

Bockwurst in Blätterteig
(für ca. 8 Personen)

8 TK-Blätterteigscheiben
8 Bockwürste
2 Eigelb
Salz

Blätterteigscheiben nach Anleitung auftauen lassen. In jeweils einer Teigscheibe eine Bockwurst einrollen. Das Eigelb mit etwas Salz verquirlen und die obere Seite der Teigrollen damit bestreichen. Im vorgeheizten Backofen bei 220° C auf der mittleren Schiene ca. 15 Minuten backen. Heiß servieren!

Riesenspinne (Hähnchenschenkel auf Reis; für Halloween)
(für ca. 5 Personen)

500 g Reis
10 Hähnchenschenkel
Öl zum Braten
2 Flaschen Zigeunersauce
2 schwarze Oliven
Salz
Kresse

Reis nach Packungsanweisung kochen. Die Hähnchenschenkel mit Salz einreiben und in Öl knusprig durchbraten. Die Zigeunersauce unter den Reis mischen. Den Reis als Hügel auf einer großen Platte anrichten und je 5 Hähnchenschenkel auf einer Seite als Beine anlegen. Die Oliven als Augen auf den Reis setzen. Um die Spinne die Kresse als Gras dekorieren.

Falscher Hase

(für eine Kastenform)

2 Zwiebeln
2 Brötchen
500 g Rindergehacktes
500 g Schweinegehacktes
150 g Speck
3 Eier
Salz, Pfeffer
Butter zum Einfetten und Bestreichen
einige Salatblätter

Zwiebeln pellen und in feine Würfel schneiden. Brötchen in Wasser einweichen, ausdrücken und mit dem Gehackten, dem klein gewürfelten Speck, den Zwiebelwürfeln, Eiern und Gewürzen vermengen. Alles zu einem glatten Teig verkneten und in eine eingefettete Kastenform geben. Oben mit einem scharfen Messer kreuzweise einschneiden. Bei mittlerer Hitze ca. 60 Minuten im Backofen braten. Dabei öfter die Oberfläche mit etwas flüssiger Butter bestreichen. Abkühlen lassen, stürzen und auf einer Platte, die mit grünen Salatblättern belegt wurde, anrichten.

Fleischhäppchen mit Chilisauce

(für ca. 10 Personen)

1 ½ kg Schweinefilet
2 Zwiebeln
1 TL getrockneter Thymian
150 ml Orangensaft
100 ml Limettensaft
1 frische Chilischote, gehackt
2 Knoblauchzehen, zerdrückt
1 TL gemahlener Zimt
Salz, schwarzer Pfeffer
Erdnussöl zum Braten
einige Salatblätter
einige Scheiben Ananas

Schweinefilet in mundgerechte Stücke schneiden. Zwiebeln pellen und hacken.
In einer Schüssel die Fleischstücke mit den gehackten Zwiebeln, Thymian, Orangen- und Limettensaft, Chilischote, Knoblauch, Zimt, Pfeffer und Salz mischen. Zugedeckt mindestens acht Stunden kühl stellen. Anschließend das Fleisch in einen Bräter füllen und so viel Wasser zugießen, dass die Fleischwürfel bedeckt sind. Mit wenig Hitze das Fleisch ca. 30 bis 40 Minuten gar kochen. Das Fleisch abtropfen lassen und mit Küchenkrepp trockentupfen. Nun Erdnussöl in einer Bratpfanne erhitzen und die Fleischstücke unter Rühren scharf anbraten, bis sie rundum gebräunt sind. Auf einer Platte Salatblätter auslegen, die Fleischhäppchen anordnen und mit kleinen Party-Spießen versehen. Dazwischen kann die Platte noch mit Ananasstücken garniert werden.

Gebratenes und gegrilltes Gemüse

Gefüllte Tomaten

(für 10 Personen)

10 große, feste Tomaten
5 Scheiben Kochschinken
150 g geriebener Emmentaler
3 EL Quark
1 Eigelb
Salz, Pfeffer
½ Bund Basilikum

Tomaten waschen, anschließend jeweils einen Deckel abschneiden und für den Weitergebrauch weglegen. Die Tomaten mit einem scharfkantigen Löffel aushöhlen und das Innere mit Salz und Pfeffer würzen. Die ausgehöhlte Tomatenmasse mit der Gabel zerdrücken.

Kochschinken in feine Würfel schneiden. Basilikum ebenfalls zerkleinern und danach alles zusammen mit Quark, Eigelb, Salz und Pfeffer mischen. Die Masse in die Tomaten füllen und mit dem Deckel verschließen.

Aus Alufolie 10 Quadrate à 20 x 20 cm schneiden und jeweils eine gefüllte Tomate darin einwickeln.

Die Tomaten auf dem Grillrost ca. 20 Minuten grillen und noch heiß servieren.

Blumenkohlspieße
(für ca. 5 Personen)

1 Blumenkohl
Salz
1 EL Essig
1 Glas eingelegte Peperoni
1 EL Butter
1 TL Paprika, edelsüß

Blumenkohl putzen und in Röschen zerteilen. Anschließend in kochendem Salz-Essig-Wasser blanchieren. Blumenkohlröschen unter kaltem Wasser abschrecken und auf Küchenpapier trocknen.
Röschen im Wechsel mit Peperoni auf Spieße stecken. Butter erhitzen und mit Paprika leicht anschwitzen. Spieße ca. 10 Minuten grillen, zwischendurch ständig mit der gewürzten Paprikabutter bestreichen.

Pizzakartoffeln
(für ca. 10 Personen)

10 große Kartoffeln
5 Zweige Oregano
4 Zweige Basilikum
400 g Mozzarella
5 EL Tomatenmark
Salz, Pfeffer

Kartoffeln gründlich waschen und anschließend mit der Schale nicht zu weich garen. In der Zwischenzeit die Kräuter fein hacken und den Mozzarella in Scheiben schneiden. Die Kartoffeln etwas abkühlen lassen und längs zweimal durchschneiden. Die Schnittflächen mit Tomatenmark bestreichen und mit den Mozzarellascheiben belegen. Anschließend mit den Kräutern sowie Salz und Pfeffer würzen. Die Kartoffelscheiben wieder zu einer Kartoffel zusammensetzen und in Alufolie gewickelt auf dem Grill ca. 10 bis 15 Minuten grillen.

Gefüllte Papayas

(für 8 Personen)

4 grüne Papayas, halbiert und entsteint
1 kg gemischtes Hackfleisch
2 gehackte Zwiebeln
Salz, Pfeffer
2 Tassen Semmelbrösel
4 Eier
4 EL Milch
Öl

Backofen auf 180° C vorheizen.
Hackfleisch mit den gehackten Zwiebeln, Semmelbröseln, Eiern und Milch zu einem Teig verkneten. Den Teig mit Salz und Pfeffer abschmecken. Die Papayahälften mit etwas Öl einpinseln und mit der Hackfleischmischung füllen. Ein Blech mit Backpapier auslegen und die Papayahälften darauf anordnen. Zum Schluss mit Alufolie abdecken und ca. 35 bis 40 Minuten bei 180° C backen. Dann die Alufolie entfernen und weitere 15 Minuten backen. Heiß servieren.

Gratinierte Auberginen

(für 8 bis 10 Personen)

Ca 1,5 kg Auberginen
350 g Mozzarella
Salz, Pfeffer
5 EL Mehl
12 EL Olivenöl
500 ml passierte Tomaten
2 Knoblauchzehen, fein gehackt
1 Bund Basilikum, gehackt
75 g Parmesankäse, gerieben

Backofen auf 200° C vorheizen.
Auberginen waschen, vom Stielansatz befreien und in ca. 1 cm dicke Scheiben schneiden. Mozzarella in dünne Scheiben schneiden. Auberginenscheiben mit Salz bestreuen und ca. 20 Minuten ziehen lassen, dann trockentupfen und im Mehl wenden. Portionsweise im heißen Olivenöl goldbraun braten und auf Küchenpapier abtropfen lassen. Passierte Tomaten mit Salz, Pfeffer, Knoblauch und Basilikum mischen. Auberginen, Mozzarella und Tomatensauce in eine Auflaufform schichten. Mit Tomatensauce abschließen und mit Parmesan bestreuen. Im Backofen ca. 30 Minuten überbacken und noch heiß auf kleinen Desserttellern servieren.

Leckere Kilotöpfe

Scharfer, grüner Hackbällchentopf

(für 6 bis 8 Personen)

1,5 kg gemischtes Hackfleisch
4 Zwiebeln, gepellt und fein gehackt
2 Eier
2 rote Chilischoten, fein gehackt
Salz, Pfeffer
400 g Schmand
8 EL Öl zum Braten
200 g Quark
200 g Jogurt
1 EL geriebener Meerrettich (aus dem Glas)
2 EL Zitronensaft
grüne Lebensmittelfarbe

Hackfleisch, Zwiebeln, Eier, Chilischoten und Schmand verrühren. Mit Salz und Pfeffer abschmecken. Aus der Hackfleischmasse kleine Bällchen formen und im heißen Öl rundherum anbraten. Hitze reduzieren und dann ca. 10 Minuten durchbraten. Für die Saucen die restlichen Zutaten miteinander verquirlen und zum Schluss mit grüner Lebensmittelfarbe einfärben. Die Hackfleischbällchen in eine große Schüssel geben und mit der grünen Sauce übergießen. Dazu wird Baguette gereicht.

Curry-Schweinetopf

(für ca. 8 bis 10 Personen)

1,5 kg Schweinefleisch, in Würfel geschnitten
3 Zwiebeln, in Scheiben geschnitten
2 Knoblauchzehen
ca. 125 ml Wasser
3 Tomaten, in Viertel geschnitten
5 Kartoffeln
2 Auberginen
2 bis 3 TL Curry
2 zerdrückte Pfefferschoten
Salz, Pfeffer

In einem Topf das Öl heiß werden lassen, darin das Fleisch und etwas später die Zwiebeln ca. 5 Minuten anbraten.
Die gepressten Knoblauchzehen und das Wasser hinzufügen und weitere 20 Minuten schmoren lassen. Zwischendurch die Kartoffeln und Auberginen schälen und in Würfel schneiden und zusammen mit den Tomatenvierteln zum Fleisch geben. Curry und die zerdrückten Pfefferschoten unterrühren und mit Salz und Pfeffer würzen. Weitere 40 Minuten schmoren lassen und mit Baguette servieren.

Feuertopf

(für ca. 8 Personen)

1 ½ kg Schnitzelfleisch
7 EL Speiseöl
3 rote Paprikaschoten
2 grüne Paprikaschoten
1 Glas Silberzwiebeln
2 kleine Gläser Champignons
1 große Dose Ananasstücke mit Saft
200 ml Chilisauce
2 TL Paprika, edelsüß
4 EL Tomatenmark
500 ml Gemüsebrühe
2 Spritzer Tabasco
etwas Cayennepfeffer
Salz, Pfeffer
1 Prise Zucker
2 Becher (à 150 ml) saure Sahne

Fleisch unter kaltem Wasser gut abspülen und mit Küchenkrepp trockentupfen. Dann in Streifen schneiden. Öl in einem großen Topf erhitzen und das Fleisch darin anbraten. Paprikaschoten waschen, halbieren, entkernen, in Streifen schneiden und ca. 15 Minuten mitschmoren. Silberzwiebeln und Champignons über einem Sieb abtropfen lassen und dem Fleisch hinzufügen. Ananasstücke mit Saft, Chilisauce, Paprika, Tomatenmark und Gemüsebrühe hinzugeben. Alles zum Kochen bringen und etwa 20 Minuten köcheln lassen. Mit Tabasco und Cayennepfeffer würzen, mit Salz, Pfeffer und etwas Zucker abschmecken. Zum Schluss die saure Sahne unterrühren.

Schnitzelpfanne

(für 10 Personen)

10 Schweineschnitzel
Salz, Pfeffer
Margarine
10 Scheiben Chesterkäse
1 kg frische Champignons
3 Zwiebeln
250 g geräucherter Speck
4 Stangen Lauch
750 ml Schlagsahne
250 g Schmand
Paprikapulver
Curry
2 Pckg. Jägersauce

Das Schnitzelfleisch unter fließendem kalten Wasser abspülen, trockentupfen, mit Salz und Pfeffer würzen. Einen großen Bräter mit Margarine einfetten, die rohen Schnitzel nebeneinander legen und mit einer Scheibe Käse abdecken.

Champignons vorsichtig abspülen, putzen, auf Küchenkrepp trocknen lassen und in Scheiben schneiden. Zwiebeln pellen und in kleine Würfel schneiden. Speck ebenfalls in kleine Würfel schneiden. In einer separaten Pfanne nun zuerst den Speck anbraten, dann die Zwiebeln hinzufügen, kurz andünsten und zum Schluss die Champignons hinzufügen und andünsten. Mit etwas Pfeffer würzen und alles über die Fleischscheiben im Bräter verteilen. Lauch putzen, waschen und in Ringe schneiden. Anschließend auf die Schnitzel verteilen. Sahne und Schmand mit Salz, Pfeffer, Paprika und Curry würzen. Jägersauce in die kalte Sahne einrühren und über die Schnitzel in der Fettpfanne gießen. Das Ganze abgedeckt 24 Stunden ziehen lassen. Am nächsten Tag die Schnitzelpfanne bei 180° C ca. 80 bis 90 Minuten im Backofen garen.

Schichttopf

(für 10 bis 12 Personen)

750 g Rindergulasch
750 g Schweinegulasch
4 Knoblauchzehen
Salz, Pfeffer
Curry
1 kg gemischtes Hackfleisch
500 g Gemüsezwiebeln,
in Scheiben geschnitten
500 g bunte Paprikaschoten,
in Streifen geschnitten
Margarine zum Einfetten
1 große Dose Tomaten, grob zerteilt
3 Gläser Mexiko-Sauce (à 250 ml)
250 ml Sahne

Das Gulasch mit Pfeffer, Salz, zerdrücktem Knoblauch und Curry würzen. Hackfleisch ebenfalls mild würzen. Das Fleisch, Zwiebelscheiben und Paprikastreifen abwechselnd in einen eingefetteten Bräter schichten. Die Tomatenmasse darüber gießen. Nun die Mexiko-Sauce mit der Sahne verrühren und ebenfalls darüber gießen. Im geschlossenen Bräter bei 220° C ca. 2 bis 2,5 Stunden alles garen. Dazu kann man Stangenweißbrot reichen. Dieses Gericht lässt sich gut schon am Vormittag vorbereiten und man schiebt es dann am Abend nur noch in den Ofen.

Salate

Partysalat

(für ca. 10 Personen)

2 große Dosen rote Bohnen
2 große Dosen weiße Bohnen
4 kleine Dosen Mais
3 große Zwiebeln
2 rote und 2 grüne Paprikaschoten
6 Tomaten
500 g Schafskäse
400 ml Tomatenketschup
4 EL Essig
2 EL Honig
Salz
Chilipulver
2 Chilischoten

Die Bohnen und den Mais durch ein Sieb gießen und kalt abspülen. Zwiebeln und Paprika putzen und anschließend würfeln. Von den Tomaten den Stielansatz entfernen, dann achteln. Schafskäse mit der Gabel zerkrümeln. Alle genannten Zutaten in einer Schüssel vermengen. Honig, Ketschup und Essig verrühren und mit Salz und Chilipulver würzen. Die vorbereiteten Zutaten damit übergießen. Die Chilischoten in sehr feine Ringe schneiden und den Salat damit bestreuen.

Tomatensalat mit Mozzarella

(für ca. 10 Personen)

600 g Mozzarella
1,5 kg Tomaten
1 Bund Basilikum
1 Bund Thymian
1 Bund Salbei
7 EL Balsamico
Salz, Pfeffer
10 EL Olivenöl

Mozzarella abtropfen lassen und in dünne Scheiben schneiden. Tomaten waschen und ebenfalls in Scheiben schneiden. Tomaten und Mozzarella auf einem großen Teller abwechselnd nebeneinander schichten. Für das Dressing Basilikum, Thymian und Salbei waschen und klein schneiden. Balsamico mit Salz und Pfeffer verrühren, dann das Öl unterschlagen. Kräuter zugeben und umrühren. Das Dressing über den Salat träufeln.

Feuriger Nudelsalat

(für ca. 10 Personen)

3 l Brühe (Instant)
500 g Nudeln
300 g TK-Erbsen
450 g gekochter Schinken
2 Bund Radieschen
2 Dosen Maiskörner
4 getrocknete Chilischoten
300 g Mayonnaise
4 EL Senf
8 EL Weißweinessig
5 EL gehackte Petersilie
Salz, Pfeffer
Zucker

Nudeln in die kochende Brühe geben und 5 Minuten vor Ende der Garzeit Erbsen dazugeben. Dann die Nudeln mit den Erbsen in ein Sieb geben, mit kaltem Wasser abspülen und abtropfen lassen. Schinken in Würfel, geputzte Radieschen in Scheiben schneiden, Mais abtropfen lassen. Salatzutaten mischen. Für die Sauce Chilischoten fein hacken, mit Mayonnaise, Senf, Essig und Petersilie verrühren, mit Salz, Pfeffer und Zucker würzen. Sauce über die Salatzutaten gießen, alles gut verrühren und abschmecken.

Mango-Hühnerbrust-Salat

(für ca. 10 Personen)

2 reife Mangos
3 Frühlingszwiebeln
2 Knoblauchzehen
1 kg Hühnerbrust
8 EL Mayonnaise
1 ½ TL Ketschup
1 ½ TL Chilisauce
1 Würfel Hühnerbrühe
3 TL Currypulver
150 ml Mangosaft
1 TL Salz
½ TL Pfeffer
Salatblätter
½ Bund gehackte Petersilie

Mangos schälen, entkernen und in Scheiben schneiden. Frühlingszwiebeln putzen und hacken. Knoblauch pellen und pressen.

Die Hühnerbrüste in ca. 1 cm große Würfel schneiden, in der Pfanne in etwas Öl braten, bis sie gar sind. Dann abkühlen lassen. Im Mixer Mayonnaise, Ketschup, Chilisauce, Suppenwürfel, Gewürze, Knoblauch und Zwiebeln mit dem Mangosaft pürieren, bis eine cremige Sauce entsteht. In einer Schüssel Mangoscheiben und Hühnerfleischwürfel mischen und die Currysauce unterheben. Auf Salatblättern anrichten, mit Petersilie bestreuen.

Ananas-Putenbrust-Salat

(für 12 Personen)

1 kg Putenbrust
Salz, Pfeffer
6 EL Öl
2 EL Currypulver
4 EL Zitronensaft
450 g Salatmayonnaise
300 g Magermilchjogurt
1 Messerspitze Ingwerpulver
1 Prise Zucker
1 ½ Bund Frühlingszwiebeln
600 g Erbsen (TK)
2 große Büchsen Ananasstücke

Die Putenbrust mit Salz und Pfeffer würzen und im heißen Öl anbraten. Hitze reduzieren und weitere 10 Min. braten. Dann aus der Pfanne nehmen, etwas ruhen lassen und in kleine Streifen schneiden. Im Bratenfond das Currypulver auflösen und mit Zitronensaft ablöschen. Etwas abkühlen lassen und anschließend unter die Mayonnaise rühren. Nun Jogurt einrühren und alles mit Pfeffer, Salz, Ingwer und Zucker abschmecken. Die Frühlingszwiebeln putzen und in Scheiben schneiden. Zusammen mit den Erbsen in kochendem Salzwasser ca. 7 Minuten dünsten, mit kaltem Wasser abschrecken und abtropfen lassen. Die Ananasstücke ohne Saft, die Frühlingszwiebeln mit den Erbsen und die Putenbrust mit der Mayonnaise vermengen. Alles gut durchrühren und vor dem Servieren eine Stunde durchziehen lassen.

Thunfischsalat mit tropischen Früchten
(für 10 Personen)

4 große Dosen Thunfisch im eigenen Saft
400 g Mango
200 g Kiwi
200 g Möhren
100 g Frühlingszwiebeln
400 g Ananasstücke aus der Dose
½ TL Currypulver (kann auch etwas mehr sein)
325 g Mayonnaise
Salatblätter zum Anrichten

Thunfisch abtropfen lassen und mit der Gabel zerteilen. Mango in Würfel schneiden. Kiwi schälen und in Würfel schneiden. Möhren putzen und raspeln. Frühlingszwiebeln putzen und in Ringe schneiden.

Thunfisch, Mango, Ananas, Kiwi, Möhren und Frühlingszwiebeln miteinander vermengen. Currypulver mit der Mayonnaise verrühren und vorsichtig unter die Salatmischung heben. Salat bis zum Servieren kalt stellen.

Tortellini-Salat

(für ca. 10 Personen)

500 g Tortellini
1 Dose Erbsen
1 Dose Champignons
1 Dose Mais
1 Dose Ananasstücke
Je 1 rote und grüne Paprika
3 Zwiebeln
1 Becher Schmand
2 Becher Jogurt
3 EL Mayonnaise
etwas Zitronensaft
Salz, Pfeffer
Curry
350 g Kochschinken

Tortellini nach Packungsanweisung kochen, über einem Sieb kalt abschrecken und abkühlen lassen. Erbsen, Ananasstücke, Champignons und Mais gut abtropfen lassen. Paprika waschen, entkernen und in Würfel schneiden. Zwiebeln pellen und ebenfalls in Würfel schneiden. Kochschinken in Streifen schneiden. Alle Zutaten miteinander vermengen. Mit Salz, Pfeffer und reichlich Curry würzen. Schmand, Zitronensaft, Jogurt und Mayonnaise verrühren und unter die anderen Zutaten mischen. Nochmals mit den Gewürzen abschmecken.

Pikanter Kartoffelsalat
(für ca. 10 Personen)

1 kg Kartoffeln
400 g Fleischwurst
4 Gewürzgurken
1 große Zwiebel
1 großer Apfel
2 Eier
200 g Mayonnaise
⅛ l Brühe
Salz, Pfeffer
Zucker
Essig

Kartoffeln waschen, kochen, pellen, abkühlen lassen. Kartoffeln, Fleischwurst, Gurken, Zwiebel und Apfel in Würfel schneiden. Eier hart kochen, abkühlen lassen und in kleine Würfel schneiden. Alle Zutaten mit Mayonnaise und der Brühe vermengen und mit den Gewürzen abschmecken.

Heringssalat mit Roter Bete
(für ca. 10 Personen)

10 Matjesfilets
1 kg Pellkartoffeln
6 Gewürzgurken
4 Äpfel
4 Zwiebeln
1 Glas Rote Bete
1 Röhrchen Kapern
10 EL Salatmayonnaise
Salz, Pfeffer

Matjesfilets, die gepellten Kartoffeln, Gurken, geschälte Äpfel und Zwiebeln sowie die Roten Bete in Würfel schneiden. Rote-Bete-Saft unterrühren. Kapern dazugeben. Mit der Salatmayonnaise vermengen, gut durchziehen lassen und den Salat mit Salz und Pfeffer abschmecken.

Bauernsalat

(für ca. 10 Personen)

400 g Schafskäse
1 kg Tomaten
2 Salatgurken
1 Eisbergsalat
3 Paprikaschoten
2 Zwiebeln

Für das Dressing
2 Knoblauchzehen
4 EL Essig
6 EL Olivenöl
Salz, Pfeffer
1 Bund Schnittlauch
einige schwarze Oliven

Den Schafskäse in ca. 1 cm große Würfel schneiden. Tomaten waschen, von den Stielansätzen befreien und in kleine Stücke schneiden. Salatgurken schälen und in Würfel schneiden. Den Eisbergsalat waschen, gut abtropfen lassen und zerkleinern. Paprikaschoten waschen, halbieren, entkernen und in kleine Streifen schneiden. Die Zwiebeln pellen und in feine Ringe schneiden.

Für das Dressing den Knoblauch auspressen und mit Essig, Öl, Salz und Pfeffer verrühren. Alle Zutaten in eine Schüssel geben, mit dem Dressing vermischen und mit dem gehackten Schnittlauch und den Oliven bestreuen.

Zehner-Salat
(für ca. 10 Portionen)

10 Pellkartoffeln
10 kleine Äpfel
10 hart gekochte Eier
10 Gewürzgurken
10 kleine Zwiebeln
10 Scheiben Fleischwurst

Für die Sauce
300 g Salatmayonnaise
2 Becher Jogurt (200 g)
2 EL Senf
Salz
frisch gemahlener Pfeffer
1 Prise Zucker

Kartoffeln pellen und in Scheiben schneiden. Äpfel schälen, vierteln, entkernen und in kleine Würfel schneiden. Eier pellen und in Scheiben schneiden. Gewürzgurken in Scheiben schneiden. Zwiebeln pellen, halbieren, in Streifen schneiden, dann in kochendem Salzwasser blanchieren, auf ein Sieb geben und abtropfen lassen. Fleischwurst in Streifen schneiden. Alle Zutaten in einer großen Schüssel miteinander vermengen.

Für die Sauce Mayonnaise, Jogurt und Senf verrühren, mit Salz, Pfeffer und Zucker abschmecken und mit den anderen Zutaten vorsichtig vermischen und gut durchziehen lassen.

Weißer Bohnensalat
(für 8 Portionen)

2 Zwiebeln
1 ½ TL Salz
12 EL Olivenöl
4 EL Zitronensaft
4 EL Weißweinessig
Pfeffer
¼ TL Zucker
3 große Büchsen weiße Bohnen
2 Dosen Thunfisch in Öl

Zwiebeln pellen, in Würfel schneiden, in eine große Schüssel geben und mit Salz bestreuen. Ca. 15 Minuten durchziehen lassen. In der Zwischenzeit aus Olivenöl, Zitronensaft, Essig, Pfeffer und Zucker eine Marinade zubereiten und damit die Zwiebeln übergießen. Den abgetropften Thunfisch mit der Gabel zerteilen. Abgetropfte Bohnen und den Thunfisch hinzufügen und gründlich vermengen. Den Salat einige Stunden ziehen lassen.

Tomatensalat
(für ca. 6 Personen)

1 kg Tomaten
3 Zwiebeln
4 EL Weinessig
7 EL Öl
1 grüne Paprikaschote
1 Bund Schnittlauch
½ bis 1 TL Salz
¼ TL Pfeffer
1 Knoblauchzehe

Tomaten waschen, Zwiebeln pellen. Paprikaschote waschen, halbieren, entkernen und fein hacken. Tomaten und Zwiebeln in Scheiben schneiden. Die Zwiebel in Ringe zerdrücken. Knoblauch pellen und pressen. Tomaten und Zwiebeln in einer Schüssel miteinander vermengen. Essig mit dem Öl verrühren, die gehackte Paprikaschote und die Schnittlauchröllchen dazugeben. Alles mit Salz, Pfeffer und der zerdrückten Knoblauchzehe unter den Salat mischen.

Kartoffelsalat mit Schinken, Ei und Rucola

(für ca. 6 Personen)

1 kg Pellkartoffeln
3 Schalotten
½ l Brühe
2 EL Essig
200 g gekochter Schinken
100 g Rucola
3 hart gekochte Eier
1 EL Olivenöl
Salz, Pfeffer

Kartoffeln und Schalotten pellen und in Scheiben schneiden. Brühe mit Schalotten und Essig in einen Topf geben und um ca. ein Drittel einkochen lassen. Dann in eine tiefe Schüssel geben und etwas abkühlen lassen. Schinken in kleine Streifen schneiden. Rucola in mundgerechte Stücke zupfen. Alles zusammen mit den Kartoffeln in die Essigbrühe geben und umrühren. Eier achteln und vorsichtig untermengen. Alles mit Olivenöl, Salz und Pfeffer würzen und im Kühlschrank ca. 2 Stunden ziehen lassen.

Kartoffelsalat mit Speck

(für 10 Personen)

2 kg Kartoffeln
250 g geräucherter Speck
3 EL Öl
6 Zwiebeln
6 EL Essig
½ l Brühe
1 Bund Petersilie
Salz, Pfeffer

Kartoffeln waschen, in Salzwasser gar kochen, pellen und in Scheiben schneiden. Zwiebeln pellen und in Würfel schneiden. Speck in ebenfalls in Würfel schneiden. In einer Pfanne mit heißem Öl Zwiebelwürfel ca. 3 Minuten andünsten, dann die Speckwürfel dazugeben und alles zusammen nochmals 4 Minuten auslassen. Den Speck entnehmen. Das restliche Speckfett in der Pfanne mit Essig und Brühe ablöschen und mit Salz und Pfeffer abschmecken. Petersilie waschen, fein hacken, in die Brühe rühren und alles über die Kartoffelscheiben gießen. Die Speck-Zwiebel-Mischung unterheben, alles gut durchrühren und ca. 90 Minuten ziehen lassen.

Eiersalat mit Erbsen

(für ca. 5 Personen)

10 Eier
1 große Büchse feine grüne Erbsen
1 Apfel
1 rote Paprika
1 Zwiebel
1 EL Zitronensaft
2 EL Kapern
3 EL gehackte Petersilie
1 Becher saure Sahne
5 Anchovisfilets
Salz, Pfeffer
Paprika

Hart gekochte Eier abschrecken, pellen und vierteln. Die Paprika waschen, halbieren, entkernen und in Streifen schneiden. Die Zwiebel würfeln. Den Apfel schälen, entkernen, vierteln, in kleine dünne Scheiben schneiden und mit Zitronensaft beträufeln. Dann alle vorbereiteten Zutaten mit den Kapern und den Erbsen mischen. Den Salat in eine Schüssel füllen. Anchovisfilets fein hacken. Die saure Sahne mit den Anchovis, den Gewürzen und der Petersilie verrühren. Die Sauce über den Salat gießen und alles umrühren. Mehrere Minuten ziehen lassen.

Suppen

Karibische Tomatensuppe

(für ca. 8 Personen)

2 EL gehackte Frühlingszwiebeln
1 kg Tomaten aus der Dose (mit Flüssigkeit)
einige frische Basilikumblätter
1 TL Zucker
2 EL Zitronensaft
250 ml Orangensaft
1 EL Saucenbinder
je 2 EL fein gehackter Koriander, Schnittlauch und Petersilie
Salz, Pfeffer

Frühlingszwiebeln putzen und fein hacken. Tomaten, Basilikum und Frühlingszwiebeln 20 Minuten köcheln lassen, vom Herd nehmen und anschließend durch ein Sieb streichen. Die Suppe nochmals aufwärmen und mit Zucker und Zitronensaft abschmecken. Saucenbinder und Orangensaft separat anrühren und unter die Suppe ziehen. Nun so lange unter Rühren auf niedriger Stufe garen, bis die Suppe eindickt. Mit den Gewürzen und Kräutern abschmecken.

Kalte Avocadosuppe
(für ca. 10 Personen)

5 reife Avocados
6 Frühlingszwiebeln
225 g Sauerrahm
225 g Crème fraîche
Limonensaft
450 ml Hühnerbrühe
1 TL schwarzer Pfeffer aus der Mühle
1 TL Salz
einige Limonenscheiben für die Dekoration
gehackte Petersilie

Avocados schälen, entkernen und in Würfel schneiden. Frühlingszwiebeln putzen und fein hacken. Alle Zutaten mit dem Pürierstab zerkleinern, bis wir eine cremige Masse haben. Anschließend in eine große Schüssel füllen und für mindestens 1 Stunde kühl stellen. Vor dem Servieren mit gehackter Petersilie bestreuen. Diese Suppe eignet sich sehr gut auch als Vorspeise.

Exotische Bananensuppe
(für 10 Personen)

15 reife Bananen
Saft von 2 Zitronen
½ l Instant-Gemüsebrühe
Salz
Curry
300 ml saure Sahne
300 ml süße Sahne

Die Bananen mit dem Mixer pürieren und den Zitronensaft unterrühren. Brühe einmal aufkochen und heiß über die pürierten Bananen geben, alles nochmals erhitzen. Sahne hinzufügen und mit Salz und Curry würzen.

Käse-Lauch-Suppe

(für etwa 12 Personen)

6 Stangen Lauch
6 Zwiebeln
Öl
1 kg gemischtes Hackfleisch
Salz, Pfeffer
2 l Wasser
6 EL Instant-Brühe
700 ml Weißwein
750 g Sahneschmelzkäse
2 Pckg. Kräuter der Provence (TK)
gehackte Petersilie oder
Schnittlauch zum Bestreuen

Lauch waschen und in ca. 2 cm dicke Ringe schneiden. Zwiebeln pellen und in Ringe schneiden. Lauch und Zwiebeln in einem großen Topf in heißem Öl andünsten.

Hackfleisch mit Salz und Pfeffer würzen. Wasser zum Kochen bringen und Instant-Brühe einrühren. Nun mit der Brühe den Lauch und die Zwiebeln ablöschen und nach und nach das Hackfleisch und den Schmelzkäse einrühren. Zum Schluss den Weißwein dazugeben und alles nochmals gut umrühren. Mit wenig Hitze unter ständigem Umrühren ca. 30 Minuten köcheln lassen.

Curry-Zwiebelsuppe

(für ca. 10 Personen)

1,5 kg Gemüsezwiebeln
6 EL Öl
2 EL Curry
¼ l trockener Weißwein
2 l Wasser
6 EL Gemüsebrühe (Instant)
1 mittelgroße Zwiebel
600 g gemischtes Hackfleisch
1 Ei
1 EL Salz
weißer Pfeffer
Paprika, edelsüß
5 EL Crème fraîche
½ Bund Petersilie

Gemüsezwiebeln pellen und in Scheiben schneiden. 4 EL Öl in einem Kochtopf erhitzen und die Zwiebelscheiben darin glasig dünsten. Curry hinzufügen und kurz mit anschwitzen. Mit Wein und Wasser ablöschen, aufkochen, dann die Instant-Brühe einrühren. Alles zugedeckt ca. 20 Minuten köcheln lassen.

Zwiebel pellen und würfeln. Hackfleisch, Zwiebelwürfel und Ei verkneten und mit Salz, Pfeffer und Paprika würzen. Aus dem Hack kirschgroße Bällchen formen und in einer Pfanne mit dem restlichen Öl anbraten.

Zwiebelsuppe mit Crème fraîche verfeinern und alles nochmals mit Pfeffer abschmecken. Dann die Hackklößchen in die Suppe geben und ca. 5 Minuten ziehen lassen. Petersilie waschen und hacken und die Suppe damit bestreuen.

Tomatensuppe

(für ca. 8 Personen)

1,5 kg geschälte Tomaten aus der Dose
0,75 Liter Fleischbrühe
Salz, Cayennepfeffer
1 Prise Zucker
Oregano
½ Liter Sahne
1 Bund Petersilie

Tomaten im Topf mit dem Handmixer pürieren. Dann die Fleischbrühe auffüllen und alles aufkochen lassen. Mit Salz, Cayennepfeffer, etwas Oregano und Zucker würzen. Vom Herd nehmen und die Sahne unterrühren. Petersilie waschen, trockenschütteln, hacken und über die Suppe streuen.

Gyrossuppe

(für ca. 8 Personen)

1 kg Gyrosfleisch (TK)
Öl zum Braten
4 Becher Sahne (à 150 ml)
2 Beutel Zwiebelsuppe
2 rote und 2 grüne Paprikaschoten
½ Flasche Zigeunersauce
½ Flasche Chilisauce
1 l Wasser
2 Dosen Mais

Gyrosfleisch auftauen, dann in einem Topf in Öl anbraten. Anschließend mit der Sahne übergießen und über Nacht im Kühlschrank ziehen lassen.
Die Zwiebelsuppe nach Packungsanweisung kochen. Paprika waschen, entkernen, in kleine Streifen schneiden und in der Zwiebelsuppe mitkochen. Zigeunersauce, Chilisauce, Wasser und Mais zugeben und vorsichtig nochmals erwärmen. Zum Schluss die Gyros-Sahne-Mischung hinzugeben und abschmecken.

Mandelsuppe
(für ca. 5 Personen)

2 Zwiebeln
250 Schnitzelfleisch
60 g Butterschmalz
Salz, Pfeffer
100 g gemahlene Mandeln
¾ l Hühnerbrühe (Instant)
25 g Mandelblättchen
3 EL Saucenbinder, hell
1 Eigelb
⅛ l Schlagsahne
Zucker

Zwiebeln pellen und in feine Würfel schneiden. Fleisch abspülen, trockentupfen und in kleine Würfel schneiden. Die Hälfte vom Butterschmalz erhitzen und das Fleisch darin anbraten. Mit Salz und Pfeffer würzen, aus der Pfanne nehmen und beiseite stellen. Zwiebeln und gemahlene Mandeln im restlichen Butterschmalz andünsten, mit der Hühnerbrühe ablöschen und ca. 20 Minuten zugedeckt bei mittlerer Hitze ziehen lassen.

Mandelblättchen in einer beschichteten Pfanne ohne Zugabe von Fett rösten. Die Suppe mit dem Pürierstab pürieren, dann nochmals aufkochen lassen und den Saucenbinder unterrühren. Eigelb mit 2 EL Sahne verquirlen und in die Suppe einrühren. Nun das Fleisch in die Suppe geben, mit Salz, Pfeffer und einer Prise Zucker abschmecken. Suppe in eine Schüssel füllen. Restliche Sahne steif schlagen und als Tupfer auf die Suppe geben. Mit den gerösteten Mandelblättchen bestreuen.

Wärmende Hühnersuppe

(für ca. 8 Portionen)

200 g Sternchennudeln
4 Hühnerbrustfilets (ca. 400 g)
400 g Champignons
4 Mohrrüben
1 Porreestange
2 Liter Gemüsebrühe
1 Lorbeerblatt
Öl
Salz, Pfeffer
etwas Sojasauce
Curry
Tomatenmark

Die Nudeln nach Packungsanweisung kochen. Das Hühnerbrustfilet in kleine Stücke schneiden und in heißem Öl anbraten. Dann entnehmen. Champignons putzen, waschen und vierteln. Mohrrüben und die Porreestange putzen und in feine Scheiben schneiden. Gemüse in die Pfanne geben und kurz andünsten. In einen Topf Gemüsebrühe mit dem Lorbeerblatt füllen, aufkochen, den Inhalt der Pfanne zufügen und etwa eine halbe Stunde köcheln lassen.

Die gekochten Nudeln in die Brühe geben. Zum Schluss mit Sojasauce, Curry, Tomatenmark, Salz und Pfeffer abschmecken. Nochmals erwärmen. Vor dem Servieren das Lorbeerblatt entfernen.

Kürbissuppe und Gespenster-Windlicht (Halloween)

(für ca. 10 Personen)

1250 g Kürbis
600 ml Hühnerbrühe (Instant)
Butter
Mehl
4 EL Zucker
Salz, Pfeffer
250 g Schmand
Sahne

Vom Kürbis am oberen Ende vorsichtig einen Deckel abschneiden und dann aushöhlen, den Kürbis dabei nicht beschädigen. Das Fruchtfleisch in große Würfel schneiden und ca. 15 Minuten in der Brühe kochen. Flüssigkeit abgießen und auffangen. Das Fruchtfleisch pürieren. Die Butter in einem Topf schmelzen, Mehl dazugeben und unter Rühren anschwitzen. Mit der Hühnerbrühe ablöschen, Kürbismus, Zucker und Schmand hinzufügen. Die Suppe mit Salz und Pfeffer abschmecken. Vor dem Servieren mit etwas Sahne garnieren.

Gespenster-Windlicht

In den ausgehöhlten Kürbis ein Gesicht schnitzen mit einem zackenartigen Mund. In den Kürbis 2 Teelichter stellen und den Deckel wieder aufsetzen.

Cracker und Chips

Cracker-Spinnen (Halloween)

40 runde Cracker
250 g Kräuterfrischkäse
1 Pckg. Salzstangen
1 Glas mit Paprika gefüllte grüne Oliven

Auf je einen Cracker Frischkäse streichen und einen zweiten darauf setzen. Salzstangen halbieren und je 4 Hälften als Beine in jede Seite stecken.
Auf den oberen Cracker einen kleinen Klecks Frischkäse setzen und darauf als Augen je zwei dünne Olivenscheiben geben.

Herzhafte Motiv-Cracker
(für 1 Backblech)

8 Scheiben TK-Blätterteig
etwas Mehl
3 Eier
Reibekäse
Röstzwiebeln
Sesam
Mohn

Backofen auf 180° C vorheizen.
Den Blätterteig auftauen lassen und auf einer leicht bemehlten Arbeitsplatte ausrollen. Mit verschiedenen Ausstechformen Motive ausstechen. Ein Backblech mit Backpapier auslegen, die Blätterteig-Motive darauf verteilen und mit verquirltem Ei bestreichen. Mit Röstzwiebeln, Mohn oder Sesam bestreuen. Im Backofen ca. 10-15 Minuten knusprig backen.

Schokoladenchips

(für ca. 2 Backbleche)

1 Tasse weiche Butter
1 Tasse Zucker
1 Tasse brauner Zucker
2 Päckchen Vanillinzucker
4 Eier
½ TL Backpulver
½ TL Salz
2 ½ Tassen Mehl
4 Tassen Schokoladenchips (Flocken)
1 Tasse Pecannusshälften
1 Tasse Walnusshälften
½ Tasse Mandeln (ohne Haut)

Nüsse und Mandeln grob hacken. Butter, Zucker und Vanillinzucker schaumig rühren, dann nach und nach die Eier dazugeben. Mehl, Backpulver und Salz miteinander vermengen, unter die Butter-Eier-Masse rühren und anschließend nach und nach die restlichen Zutaten untermengen.

Die Masse mindestens 5 Stunden im Kühlschrank stehen lassen. Backblech mit Backpapier auslegen. Mit Hilfe von zwei Esslöffeln nun kleine Häufchen auf dem Blech anordnen und bei ca. 170 °C (eher etwas weniger Hitze) ca. 15 Minuten backen und noch warm servieren.
(Man kann auch eine größere Menge Teig anrühren und diesen bis zur Weiterverwendung einfrieren.)

Schafskäse-Cracker

(für 1 Backblech)

500 g Mehl
1 Päckchen Backpulver
½ TL Salz
1 EL Zucker
ca. 60 ml Milch
80 g Butter
250 g Schafskäse
1 Eigelb

Mehl mit dem Backpulver vermischen, dann Salz und Zucker untermengen und zum Schluss Milch, Butter und den zerbröselten Schafskäse hinzufügen. Alles zu einem geschmeidigen Teig verarbeiten. Nun den Teig in Klarsichtfolie einwickeln und für ca. 2 Stunden in den Kühlschrank stellen. Anschließend wird der Teig auf einer leicht bemehlten Arbeitsplatte ca. ½ cm dick ausgerollt. Mit einem runden Plätzchenausstecher oder einem anderen Hilfsmittel werden nun die runden Cracker ausgestochen. Ein Backblech mit Backpapier auslegen, die Cracker darauf anordnen, mit Eigelb bestreichen und bei ca. 180 °C etwa 15 bis 20 Minuten backen.

Parmesanchips

frischer Parmesan (pro Chips 1 EL geriebener Parmesan)

Ein Backblech mit Backpapier auslegen. Einen runden Keksausstecher auf das Backblech legen und diesen mit einem Esslöffel Parmesan füllen. Vorsichtig aufnehmen und erneut auf das Backblech setzen und füllen. Diesen Vorgang wiederholen, bis das Backblech gefüllt ist.
Bei 200° C ca. 8 Minuten goldgelb backen und dann auf einem Kuchengitter auskühlen lassen.

Käsecracker
(für ein Blech)

300 g Mehl
125 g Butter
170 g geriebener Käse
1 Ei
1 TL Senfpulver
1 EL Kräuter der Provence
2 TL Salz
¼ TL Cayennepfeffer

Ofen auf 200° C vorheizen.
Alle Zutaten zu einem glatten Teig kneten. Dann den Teig auf einer bemehlten Arbeitsplatte dünn ausrollen und Plätzchen ausstechen. Backblech mit Backpapier auslegen und die Plätzchen darauf anordnen. Im vorgeheizten Backofen ca.
10 bis 15 Minuten goldgelb backen und abkühlen lassen.

Desserts und Süßspeisen

Zitronen-Vanillecreme auf Fruchtbett

(für ca. 8 Personen)

250 g Himbeeren
2 Dosen (425 ml) Aprikosen
2 Päckchen Vanille-Puddingpulver
1 l Milch
8 EL Zucker
Schale und Saft von 2 unbehandelten Zitronen
200 ml Schlagsahne
2 Päckchen Vanillinzucker
Melisse zum Verzieren

Himbeeren waschen und abtropfen lassen. Aprikosen abtropfen lassen und ohne Saft pürieren. Puddingpulver mit 8 EL Milch und Zucker verrühren, restliche Milch mit der Zitronenschale aufkochen, dann das angerührte Puddingpulver einrühren. Nochmals aufkochen und ca. 1 Minute köcheln lassen, anschließend die Zitronenschale herausnehmen. Den Pudding etwas abkühlen lassen und mit Zitronensaft abschmecken.

Sahne mit Vanillinzucker steif schlagen und unter den Pudding ziehen. Fruchtpüree in eine große Schüssel geben. Die Zitronen-Vanillecreme darauf geben und mit den Himbeeren garnieren. Mit Melisse verzieren.

Melonensalat
(für 10 Personen)

2 Honigmelonen
8 EL Himbeergeist
4 EL Zitronensaft
Zucker
4 Birnen
700 g Ananasstücke (aus der Dose)
6 EL Preiselbeeren (aus der Dose)
2 Packungen TK-Himbeeren
8 EL Weißwein

Melonen halbieren, aushöhlen, das Melonenfleisch in Würfel schneiden. Himbeergeist mit Zitronensaft und Zucker verrühren und über das Melonenfleisch geben. Birnen schälen, halbieren, entkernen und in Würfel schneiden. Ananasstücke und Preiselbeeren abtropfen lassen. Aufgetaute Himbeeren mit dem Melonenfleisch, den Birnen und den Preiselbeeren vermengen, mit Zucker abschmecken und mit Weißwein übergießen. Den Melonenrand zackenförmig mit einem spitzen Messer ausschneiden und den Obstsalat hineinfüllen. Eiskalt servieren!

Blutpudding (Halloween)
(für 6 Personen)

2 Päckchen Vanillepuddingpulver
1 l Milch
4 EL Zucker
10 EL schwarzes Johannisbeergelee
etwas Eierlikör

Vanillepudding nach Packungsanleitung mit Milch und Zucker zubereiten. Vanillepudding in eine Glasschüssel füllen und etwas abkühlen, jedoch noch nicht fest werden lassen. Johannisbeergelee glatt rühren und anschließend in den Pudding mit einer groben Gabel einrühren, so dass es wie Blutspuren aussieht. Pudding vor dem Servieren mit dem restlichen Gelee streifenartig überziehen und mit Eierlikörspuren verzieren.

Papageienpudding
(für 8 Personen)

2 Päckchen Rote Grütze
2 Päckchen Vanillepudding
2 Päckchen Schokopudding
die jeweils auf den Packungen angegebenen Mengen an:
Zucker, Milch und Wasser

Zuerst bereitet man die Rote Grütze nach Packungsanweisung zu. Diese füllt man in eine große Glasschüssel. (Für die hier angegebenen Mengen empfiehlt es sich, 2 Schüsseln zu nehmen.) Danach wird der Vanillepudding nach Packungsanweisung zubereitet und ganz langsam mittig in die Rote Grütze gegossen. Zuletzt bereitet man den Schokopudding zu und gießt ihn wiederum ganz langsam in die Mitte des Vanillepuddings.
Es empfiehlt sich, zwischen den verschiedenen Puddingsorten immer etwas Zeit verstreichen zu lassen, das optische Ergebnis ist einfach schöner.

Exotischer Obstsalat

(für 8 Personen)

2 Dosen Ananasstücke
3 Mango-Früchte
3 Orangen
6 Kiwis
2 Papayas
125 g Kokosnusscreme
½ TL Rosenwasser
Kokosflocken zum Bestreuen
Minze zum Garnieren

Ananas abtropfen lassen. Mango dünn schälen, das Fruchtfleisch um den Kern herum abschneiden und in kleine Würfel teilen. Orangen schälen und filetieren. Kiwis schälen, in Scheiben schneiden und halbieren. Papayas dünn schälen, halbieren, die dunklen Kerne mit einem Löffel ausschaben, das Fruchtfleisch in Würfel schneiden. Alles zusammen in einer tiefen Schüssel vermengen. Kokoscreme in der Dose gut verrühren, mit Rosenwasser vermischen und über die Früchte geben und vorsichtig umrühren. Obstsalat mit Kokosflocken bestreuen und mit Minzeblättchen garnieren.

Grießquark mit Früchten

(für ca. 15 Personen)

1 ½ l Milch
1 Messerspitze Salz
150 g Grieß
750 g Speisequark
Saft von 2 Zitronen
150 g Zucker
750 g Kirschen aus dem Glas
15 Zitronenscheiben für die Verzierung

Milch mit Salz zum Kochen bringen. Dann den Grieß einstreuen und bei schwacher Hitze ausquellen lassen. Erst jetzt den Grießbrei mit Zucker abschmecken.
Quark mit Zucker und Zitronensaft schaumig schlagen, dann den inzwischen etwas abgekühlten Grieß unter den Quark rühren und die abgetropften Kirschen unterheben.

Die Grießquarkspeise in Gläser füllen und auf den Rand des Glases eine Zitronenscheibe setzen. (Zitronenscheibe einmal mit zur Mitte einschneiden und mit dem Schnitt auf das Glas setzen.)

Honig-Kokos-Bananen
(für 8 Portionen)

8 feste Bananen
10 EL Kokosraspeln
2 TL Zucker
1 Messerspitze Ingwerpulver
ca. 10 EL Öl
4 TL flüssiger Honig
Holzspieße

Die Bananen schälen, dann längs und quer halbieren. In einem tiefen Teller Kokosraspeln, Zucker und Ingwerpulver vermischen und darin die Bananenstücke wälzen. In einer Pfanne das Öl erhitzen und darin die Bananenstücke knusprig braten. Auf einem Küchenkrepp abtropfen lassen. Mit einem kleinen Holzspieß versehen und auf einem Teller anordnen. Zum Schluss mit dem flüssigen Honig beträufeln.

Tiramisu mit Erdbeeren
(für ca. 6 Personen)

800 g frische Erdbeeren
2 EL Zitronensaft
100 g Puderzucker
250 g Mascarpone
250 g Quark
200 g Löffelbiskuits

Tiramisu sollte am Vortag zubereitet werden. Erdbeeren waschen, verputzen und über einem Sieb abtropfen lassen. Dann die Erdbeeren, Zitronensaft und Puderzucker mit dem Pürierstab pürieren, bis eine glatte Masse entstanden ist. Mit einem Holzlöffel Mascarpone und Quark mit der Erdbeermasse verrühren. Nun die Masse immer abwechselnd mit den Löffelbiskuits in eine große Schüssel geben, die letzte Schicht sollte aus der Erdbeermasse bestehen. Über Nacht in den Kühlschrank stellen.

Zabaione mit Früchten

(für 8 Personen)

4 Orangen
100 g Zucker
4 Eier
4 Eigelb
8 EL Cointreau
2 TL Zitronensaft
4 TL gehackte Pistazien oder Mandeln
einige Blättchen Minze oder Zitronenmelisse

Orangen schälen und die weiße Haut entfernen. Dann mit einem scharfen Messer das Fruchtfleisch filetieren, dabei den Saft auffangen.
Zucker mit Eiern, Eigelb, Likör und dem Orangensaft vermischen. Alles im heißen Wasserbad schlagen, bis die Masse schaumig und dick ist. Mit dem Zitronensaft abschmecken.

Die Früchte in Dessertschalen anrichten und die Zabaione darüber verteilen. Mit den gehackten Pistazien oder Mandeln bestreuen und mit den gewaschenen Minze- oder Melisseblättchen dekorieren.

Zitronensorbet mit Prosecco
(für 6 Personen)

ca. 6 bis 8 Zitronen
175 g Zucker
350 ml Prosecco
3 Eiweiß
250 g Erdbeeren
1 Päckchen Vanillinzucker
3 EL Erdbeer-Konfitüre
Zitronenscheiben zum Verzieren

Zitronen auspressen, 250 ml Zitronensaft abmessen, dann den Zitronensaft mit Zucker in einem Kochtopf verrühren, bis sich der Zucker aufgelöst hat. Alles sirupartig einkochen und auskühlen lassen. Prosecco hinzufügen und das sehr steif geschlagene Eiweiß unterheben. Die Masse in einer Schüssel im Gefrierfach ca. 5 Stunden fest werden lassen. Dabei alle 30 bis 40 Minuten mit dem Schneebesen kräftig umrühren.

Erdbeeren waschen (6 Erdbeeren zur Seite legen) und klein schneiden. Anschließend die Erdbeeren mit Vanillinzucker und Konfitüre pürieren. Die 6 Erdbeeren in Scheiben schneiden. Zitronensorbet auf 6 Gläser verteilen und die pürierten Erdbeeren darüber geben. Mit Erdbeerscheibchen verzieren und die Ränder der Gläser mit eingeschnittenen Zitronenscheiben verzieren.

Crème Macchiato
(für 10 Personen)

4 EL löslicher Kaffee
2 Puddingpulver (Sahnegeschmack)
1 l Milch
6 gehäufte EL Zucker
250 ml Sahne
2 Päckchen Vanillinzucker
etwas Kakao

Kaffeepulver in 4 EL kochendem Wasser auflösen. Pudding nach Packungsanweisung zubereiten. In einer Schüssel 1/3 vom Pudding mit dem aufgelösten Kaffee verrühren. Nun abwechselnd hellen und dunklen Pudding in Dessertgläser schichten und ca. 30 Minuten kalt stellen. Um die Bildung einer Haut zu verhindern, mit etwas Zucker bestreuen und mit Frischhaltefolie abdecken. Kurz vor dem Servieren Sahne mit Vanillinzucker leicht anschlagen. Auf den Desserts verteilen und nach Belieben mit Kakao bestäuben.

Beschwipste Zimtwaffeln
(für ca. 20 Waffeln)

Für die Waffeln
400 g Margarine
200 g Zucker
2 Päckchen Vanillinzucker
1 Messerspitze Salz
3 TL gemahlener Zimt
6 Eier
500 g Mehl
1 Pckg. Backpulver
200 ml Milch
Öl

Für die Rumpflaumen
2 Gläser Pflaumen
2 Päckchen Saucenpulver, Vanillegeschmack
75 g Zucker
3 EL Rum (für Kinder kann man
Back-Rumaroma verwenden)

Margarine, Eier, Zucker, Vanillinzucker, Salz und 1 TL Zimt schaumig rühren. Mehl mit dem Backpulver vermischen und unterrühren. Zum Schluss die Milch hinzufügen und nochmals alles gut umrühren. Waffeleisen mit Öl einpinseln und die Waffeln backen. Sofort mit etwas Zimt bestäuben.

Pflaumen über einem Sieb abtropfen lassen, dabei den Saft in einem Topf auffangen. Saucenpulver nach Packungsanweisung, aber mit dem Saft der Pflaumen zubereiten. Rum und Pflaumen unterheben und abkühlen lassen. Zu den Waffeln reichen.

Getränke

Bacardi-Cocktail
(für 1 Cocktail)

3 cl Zitronensaft
5 cl Rum (weiß)
2 cl Grenadine

Im Shaker auf Eiswürfeln kräftig schütteln und in einer Cocktailschale servieren.

Exotische Bowle
(für 8 bis 10 Personen)

½ Wassermelone
8 frische Datteln
5 cl Cognac
1 Mango
3 Kiwis
3 Flaschen Weißwein
1 Flasche Sekt

Wassermelone schälen, Fruchtfleisch in Würfel schneiden und in ein Bowle-Gefäß geben. Datteln abziehen, würfeln und zu der Melone hinzufügen. Alles mit dem Cognac beträufeln. Mango entkernen, schälen und würfeln. Kiwis schälen und in dünne Scheiben schneiden. Mango und Kiwis dem anderen Obst hinzufügen und alles mit einer Flasche Wein auffüllen. Den Bowlenansatz mindestens eine Stunde durchziehen lassen. Dann den restlichen Wein aufgießen und mit einer Flasche Sekt abrunden.

Bowle mit dem eiskalten Händchen
(für 10 Personen)

¼ l Grenadiersirup
1 l Ananassaft
⅛ l Zitronensaft
½ Flasche weißer Rum
2 große Dosen Ananaswürfel
1 Glas Kirschen
2 Flaschen Weißwein
1 Flasche Sekt

Grenadiersirup, Ananassaft, Zitronensaft, weißer Rum und die Ananaswürfel mit Saft in einem Bowle-Gefäß vermengen. Die Kirschen abtropfen lassen und den Saft auffangen, dann die Kirschen in das Gefäß geben. Das Ganze mit Wein auffüllen. Kalt gestellt ca. 2 Stunden zugedeckt ziehen lassen. Vor dem Servieren den gekühlten Sekt zugießen.

Für die richtige Kühlung in der Bowle sorgt
»Das eiskalte Händchen«

aufgefangener Kirschsaft
1 Glas Mineralwasser
etwas rote Lebensmittelfarbe
Latexhandschuh

Latexhandschuh gründlich mit warmem Wasser auswaschen. Kirschsaft und Mineralwasser mischen und etwas rote Lebensmittelfarbe hinzufügen, damit die Farbe noch intensiver wird. Dann die Flüssigkeit in den Handschuh gießen und gründlich mit einem Bindedraht zubinden. Im Tiefkühlfach völlig gefrieren lassen.
Kurz vor dem Servieren der Bowle den Handschuh aufschneiden und die »eiskalte Hand« in das Bowle-Gefäß geben.

Alkoholfreie Erdbeerbowle für Kinder
(für 12 Portionen)

1 kg Erdbeeren
250 g Zucker
Saft von 4 Zitronen
2 l klarer Apfelsaft
1 l Mineralwasser
1 Bund Zitronenmelisse
Eiswürfel

Die Erdbeeren putzen, waschen, in Scheiben schneiden, in ein Bowle-Gefäß geben und mit Zucker bestreuen. Etwas einziehen lassen, dann alles umrühren und den Zitronensaft zugeben. Ein Liter Apfelsaft aufgießen, einige Melissenblätter zugeben und etwa 2 Stunden ziehen lassen. Dann den restlichen Apfelsaft und das Mineralwasser auffüllen und die restlichen Melissenblätter zugeben. Die Erdbeerbowle gut kühlen und nach Belieben mit Eiswürfeln servieren.

Pina Colada
(für 10 Personen)

6 Scheiben Ananas
½ l weißer Rum
1 l Ananassaft
6 EL Kokosmilch
einige Eiswürfel

Ananasscheiben in Stücke schneiden und im Mixer pürieren.
Rum, Ananassaft, Kokosmilch und einige zerstoßene Eiswürfel hinzugeben.
Mixen und sofort servieren.

Kinderpunsch
(für 8 Personen)

⅛ l Wasser
200 g Zucker
4 Nelken
ein kleines Stück Zimtstange
½ l Grapefruitsaft
½ l Orangensaft
1 l Apfelsaft

Das Wasser mit dem Zucker und den Gewürzen zum Kochen bringen und abgedeckt etwas ziehen lassen. Dann die Nelken und die Zimtstange entfernen und die Säfte hinzufügen. Die Flüssigkeit wieder erhitzen, aber nicht kochen lassen. Eventuell nochmals mit Zucker abschmecken.

Kinderbowle mit Gummibärchen-Eiswürfeln
(für 10 Personen)

1 große Büchse Ananasstücke
1 große Büchse Mandarinen
1 große Büchse Pfirsichspalten
2 Flaschen Orangensaft
2 Flaschen Mineralwasser
200 g Gummibärchen

Für die Bowle die Obststücke mit den eigenen Säften und einer Flasche Orangensaft in ein großes Gefäß geben und mit Mineralwasser auffüllen.
Für die Eiswürfel gibt man je Würfel ein Gummibärchen in den Eiswürfelbehälter und füllt dann mit Orangensaft auf. Im Tiefkühlfach gefrieren lassen. Die Gummibärchen-Eiswürfel erst kurz vor dem Servieren in das Glas geben.

Erdbeer-Bananen-Shake oder -Eis
(für ca. 12 Gläser)

600 g reife Erdbeeren
600 g Naturjogurt
200 g saure Sahne oder Rahm
250 ml Milch
3 reife Bananen

Erdbeeren waschen und putzen. Bananen schälen und alles grob zerkleinern. Alle Zutaten in einen Mixbecher geben und so lange mixen, bis eine dünne breiige Masse entstanden ist. Bei sehr reifen Früchten erübrigt sich der Zusatz von Zucker.

Man kann aus dem Fruchtshake auch Eis am Stiel herstellen. Dazu braucht man leere kleine Jogurt-Becher und einige Holzspatel. Man verwendet hierfür allerdings nur die Hälfte der Milch. Einfach die Masse in die Jogurtbecher (nicht zu voll) füllen und im Gefrierschrank kalt werden lassen. Die Spatel einstecken, wenn die Masse schon leicht gefroren ist.

Schlammbowle
(für ca. 14 Gläser)

2 l Maracujasaft
5 mittelgroße Konserven Mischobst
1 Flasche Korn
1 l Vanilleeis

Den Maracujasaft und das Mischobst mit dem Korn in der Bowle ansetzen. Die Bowle sollte mindestens 3 bis 4 Stunden gut durchziehen. Kurz vor dem Verzehr kommt das Eis in die Bowle, vorsichtig umrühren und alles komplett servieren.

Beerenbowle
(für ca. 20 Gläser)

500 g Erdbeeren
500 g Himbeeren
200 g Johannisbeeren
⅛ l Zuckersirup
Schale einer unbehandelten Zitrone
2 Flaschen leichter Rotwein
2 Flaschen Sekt
2 Flaschen Mineralwasser

Beeren waschen, verlesen und auf Küchenkrepp abtrocknen lassen. Erdbeeren halbieren, große Erdbeeren vierteln. Nun das Obst in einem großen Bowlentopf mit 4 EL Zuckersirup und der Zitronenschale ansetzen und mit so viel Wein aufgießen, bis das Obst bedeckt ist. Zugedeckt mindestens 2 bis 3 Stunden ziehen lassen. Dann die Zitronenschale entfernen und den restlichen Wein, Sekt und das Mineralwasser zugießen und mit dem restlichen Zuckersirup abschmecken. Die Bowle kalt stellen.

Cidrebowle
(für 10 Personen)

300 g rote Äpfel
2 Zitronen
75 ml Zitronensaft
75 ml Calvados
1 l Apfelsaft
700 ml Cidre (herb)
Melisseblätter zum Garnieren

Die Äpfel waschen, entkernen und ungeschält in dünne Scheiben schneiden. Die Zitronen ebenfalls gründlich waschen und in Scheiben schneiden. Mit dem Zitronensaft, Calvados und Apfelsaft verrühren und für ca. 4 Stunden im Kühlschrank durchziehen lassen. Kurz vor dem Servieren mit dem gekühlten Cidre auffüllen und mit Melisseblättern garnieren.

Asian Dream
(für ein Glas)

8 cl Maracujasaft
2 cl Cognac
halbtrockener Weißwein
1 Nelke
2 Zitronenspalten

Maracujasaft und Cognac mit etwas Eis im Shaker schütteln, in ein Longdrinkglas gießen und mit Weißwein auffüllen. Die Nelke in eine Zitronenspalte stecken und in das Glas geben. Mit der anderen Zitronenspalte das Glas dekorieren.

Weihnachtspunsch
(für 10 Personen)

2 l trockener Rotwein
0,25 l Holunderbeersaft
geriebene Schale einer unbehandelten Zitrone
Saft einer halben Zitrone
2 geschälte und in Stücke geschnittene Orangen
1 geschälter, entkernter und in Stücke geschnittener Apfel
6-10 Gewürznelken
½ Vanillestange
1 ca. 1 cm großes Stück Ingwer, in dünne Scheiben geschnitten
1 Stück Zimtstange

Alle Zutaten in einen großen Topf geben und heiß werden, aber nicht kochen lassen, damit der Alkohol nicht verkocht.

Café Noisette
(für 8 Tassen)

1 l heißer Kaffee
8 EL Nusslikör
8 TL Zucker
200 g Schlagsahne
8 TL gehobelte Haselnüsse

Kaffeetassen warm stellen. Kaffee, Likör und Zucker verrühren und auf 8 Tassen verteilen. Geschlagene Sahne darauf geben. Haselnüsse nach Wunsch in einer Pfanne ohne Fett kurz rösten und auf die Sahne streuen.